ENCYCLOPÉDIE ÉLECTROTECHNIQUE

PAR

UN COMITE D'INGÉNIEURS SPÉCIALISTES

L. LOPPÉ, INGÉNIEUR DES ARTS ET MANUFACTURES

SECRÉTAIRE

CENTRALES HYDRAULIQUES
TURBINES DE DIVERS SYSTÈMES

PAR

Georges ROUTIN

ANCIEN ÉLÈVE DE L'ÉCOLE POLYTECHNIQUE

INGÉNIEUR

PROFESSEUR A L'INSTITUT ÉLECTROTECHNIQUE

DE L'UNIVERSITÉ DE GRENOBLE

AVEC UNE PRÉFACE DE M. L. BARBILLION

PROFESSEUR A LA FACULTÉ DES SCIENCES

DIRECTEUR DE L'INSTITUT ÉLECTROTECHNIQUE

DE L'UNIVERSITÉ DE GRENOBLE

PARIS

LIBRAIRIE DES SCIENCES ET DE L'INDUSTRIE

L. GEISLER, IMPRIMEUR-ÉDITEUR

I, rue de Médicis, I

1914

CENTRALES HYDRAULIQUES

TURBINES DE DIVERS SYSTÈMES

ENCYCLOPÉDIE ÉLECTROTECHNIQUE

PAR

UN COMITE D'INGÉNIEURS SPÉCIALISTES

L. LOPPÉ, INGÉNIEUR DES ARTS ET MANUFACTURES

SECRÉTAIRE

CENTRALES HYDRAULIQUES
TURBINES DE DIVERS SYSTÈMES

PAR

Georges ROUTIN

ANCIEN ÉLÈVE DE L'ÉCOLE POLYTECHNIQUE

INGÉNIEUR

PROFESSEUR A L'INSTITUT ÉLECTROTECHNIQUE

DE L'UNIVERSITÉ DE GRENOBLE

AVEC UNE PRÉFACE DE M. L. BARBILLION

PROFESSEUR A LA FACULTÉ DES SCIENCES

DIRECTEUR DE L'INSTITUT ÉLECTROTECHNIQUE

DE L'UNIVERSITÉ DE GRENOBLE

PARIS

LIBRAIRIE DES SCIENCES ET DE L'INDUSTRIE

L. GEISLER, IMPRIMEUR-ÉDITEUR

1, rue de Médicis, 1

1914

PRÉFACE

Mon excellent collègue et ami, M. Routin, chargé depuis plusieurs années du Cours d'Hydraulique appliquée à l'Institut Electrotechnique de l'Université de Grenoble, a résumé dans ce petit ouvrage quelques-unes des leçons, très écoutées et très éminemment utiles, qu'il a consacrées à un sujet où il est passé maître, celui des installations hydrauliques.

La très grande compétence de M. le professeur G. Routin, qui joint à ses fonctions à l'Institut celles d'ingénieur-conseil de l'importante maison de constructions de turbines Neyret-Brenier et Cie, est depuis longtemps affirmée auprès de ceux, très nombreux déjà, qui ont pu bénéficier à Grenoble de son enseignement.

La faveur que rencontrera ce petit livre auprès de ses lecteurs ne sera pas, nous en sommes sûrs, moins considérable. La clarté d'exposition, la documentation vécue, mais précise jusqu'à la concision, qui caractérisent les enseignements de M. Routin, se retrouvent tout entières dans ces pages, et en constituent les qualités essentielles. A une époque où la littérature technique, sur certaines questions, est déjà presque surabondante, l'ouvrage de M. Routin trouvera largement sa place, et rendra de réels services à nos confrères de l'industrie hydro-électrique.

L. BARBILLION,
Professeur à la Faculté des Sciences,
Directeur de l'Institut Électrotechnique.

CHAPITRE PREMIER

Notions d'Hydraulique générale

---

§ 1. — DÉFINITIONS

Fluides. — Un *fluide parfait* est un corps formé de molécules extrêmement mobiles les unes par rapport aux autres et n'exerçant aucun frottement, soit entre elles, soit sur les parois des enveloppes qui les contiennent.

Un semblable corps est une pure fiction et n'existe pas en réalité.

Les *fluides naturels* qu'étudie la physique sont bien des corps formés de molécules extrêmement mobiles les unes par rapport aux autres, mais ces molécules exercent, soit entre elles, soit sur les parois des enveloppes qui les contiennent, certains efforts de frottement, d'autant plus énergiques que le fluide est plus *visqueux*.

Hydrostatique et hydrodynamique. — La mécanique rationnelle étudie, sous les noms d' « hydrostatique » et d' « hydrodynamique », les lois de l'équilibre et du mouvement des fluides parfaits.

Les équations différentielles auxquelles conduisent ces théories sont malheureusement si complexes qu'on ne peut, en général, les utiliser pratiquement sans se heurter à des difficultés d'analyse décourageantes et souvent inextricables, lorsqu'on veut prendre en considération les frottements propres aux fluides naturels.

Hydraulique. — Pour étudier le mouvement de ces fluides naturels (de l'eau en particulier), on a créé une science nouvelle, basée en partie sur la théorie et en partie sur l'expérimentation directe : c'est l'hydraulique.

Les formules de l'hydraulique, déduites de théories approximatives, et convenablement corrigées par des coefficients déduits d'expériences, satisfont aux besoins de la pratique : mais il faut être extrêmement prudent dans leur emploi, et ne jamais perdre de vue que les coefficients numériques qu'elles contiennent ne sont valables que dans des circonstances bien définies, correspondant aux conditions expérimentales qui ont servi à les déterminer ; appliquer ces coefficients dans d'autres cas serait s'exposer à de graves erreurs : c'est là un point sur lequel nous ne saurions trop attirer l'attention du lecteur

Pression en un point. — Etant donné un point A (fig. 1) au sein d'un fluide, considérons un élément plan, de section $d\omega$, autour de ce point, et soit $d\mathrm{F}$ la force élémentaire qui s'exerce sur $d\omega$; la limite du rapport $\dfrac{d\mathrm{F}}{d\omega}$, lorsque $d\omega$ devient infiniment petit, est ce que l'on appelle la pression au point A. Autrement dit, la pression au point A est l'effort que supporterait l'unité de surface dont tous les points seraient dans les mêmes conditions que A.

On démontre que $d\mathrm{F}$ est normal à $d\omega$ et que la limite du rapport $\dfrac{d\mathrm{F}}{d\omega}$ est indépendante de l'orientation de $d\omega$: ceci est nécessaire pour que la définition ci-dessus soit valable.

Mouvement permanent. — Le mouvement d'un fluide est dit permanent lorsqu'en un point quelconque les molécules se succèdent en restant rigoureusement, l'une après l'autre, dans les mêmes conditions physiques. La vitesse est alors à chaque instant la même, en grandeur, direction et sens, pour un même point de la veine fluide, mais elle peut varier de ce point à un autre ; il en est de même de la pression et de la densité.

Analytiquement, en un point de coordonnées xyz, la vitesse v, la pression p et la densité ρ d'un fluide en mouvement sont fonctions, non seulement des coordonnées x, y et z, mais aussi du temps t ; dans le cas particulier du *mouvement permanent*, ces trois quantités sont uniquement fonctions des coordonnées x, y et z et sont indépendantes de la variable t,

§ 2. — TROIS ÉQUATIONS FONDAMENTALES

Équation de continuité. — Soit une veine liquide en mouvement permanent (fig. 2) ayant un débit Q, et présentant des sections ω_0, ω_1, ω_2... correspondant à des vitesses moyennes v_0, v_1, v_2... La constance du débit traversant ces diverses sections se traduit analytiquement par l'équation :

$$Q = \omega_0 v_0 = \omega_1 v_1 = \omega_2 v_2 = \ldots \tag{1}$$

C'est l'équation de continuité; on peut l'énoncer comme suit :

« Dans une veine liquide en mouvement permanent présentant des « variations de section, la vitesse moyenne varie d'une section à une « autre, en raison inverse des aires de ces sections ».

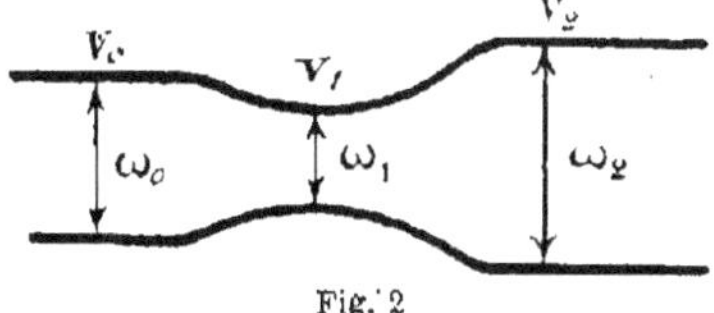

Fig. 2

Théorème de Bernouilli. — Soit un canal de forme quelconque dans lequel coule un liquide. Considérons dans ce canal, un filet liquide, c'est-à-dire une veine liquide de dimensions transversales très petites ; soient A_0 et A_1 deux points pris sur l'axe de ce filet (fig. 3), et soient ω_0 et ω_1 les sections du filet en ces points ; nous supposons le mouvement permanent ; la pression p_0 et la vitesse v_0 dans la section ω_0 sont donc constantes, et il en est de même de la pression p_1 et de la vitesse v_1 dans la section ω_1. Appelons h_0 et h_1 les cotes des points A_0 et A_1, prises par rapport à un plan horizontal arbitraire Z ; h_0 et h_1 sont des quantités algébriques qui comportent un signe.

Nous nous proposons de trouver une relation entre les quantités p_0, v_0, h_0, p_1, v_1 et h_1 ; nous supposerons pour cela que toutes les molécules qui composent les tranches A_0 et A_1 se trouvent, au bout d'un temps très petit dt, dans deux autres tranches A'_0 et A'_1 : c'est l'hypothèse de la conservation des tranches.

Dans ces conditions, nous allons appliquer le théorème des forces vives à la masse d'eau considérée, se déplaçant, dans le temps dt, de la position $A_0 A_1$ à la position $A'_0 A'_1$: nous devons écrire que la somme des travaux de toutes les forces appliquées à cette masse est égale à la moitié de l'accroissement de sa force vive.

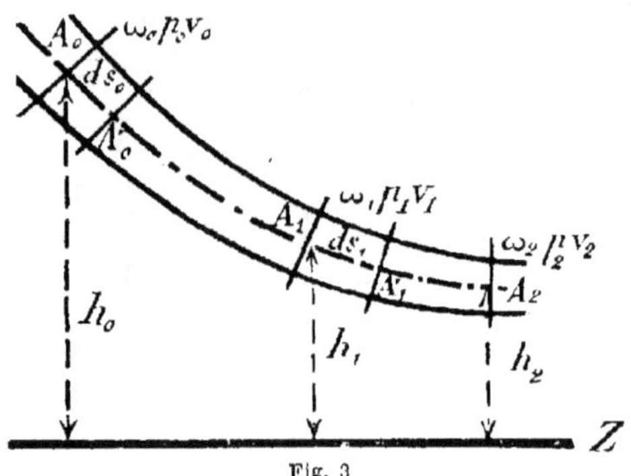

Fig. 3

Comme nous supposons le fluide parfait, les forces intérieures sont nulles.

Les forces extérieures sont : la pesanteur et les pressions.

Evaluons séparément chacun des travaux effectués par ces forces. L'équation de continuité nous donne tout d'abord :

$$\omega_0 v_0 = \omega_1 v_1 \qquad \text{ou} \qquad \omega_0 v_0 dt = \omega_1 v_1 dt.$$

Si nous appelons ds_0 la distance $A_0 A'_0$ et ds_1 la distance $A_1 A'_1$, nous avons :

$$v_0 dt = ds_0 \qquad \text{et} \qquad v_1 dt = ds_1$$

et cette équation peut s'écrire :

$$\omega_0 ds_0 = \omega_1 ds_1,$$

ou bien, en appelant ϖ le poids spécifique du fluide :

$$\varpi \omega_0 ds_0 = \varpi \omega_1 ds_1 \, ;$$

sous cette forme, elle montre que le poids du fluide compris entre les tranches A_0 et A'_0 est égale au poids du fluide compris entre les tranches A_1 et A'_1. Appelons gdm ce poids (dm la masse correspondante, g constante de la gravité).

1º Travail de la pesanteur. Au point de vue de la pesanteur, tout se passe, évidemment, comme si la masse élémentaire comprise entre les tranches A_0 et A'_0 était seule transportée entre les tranches A_1 et A'_1, puisque la portion de la masse comprise entre les tranches A'_0 et A_1 est commune aux deux positions de la masse totale au commencement et à la fin de l'intervalle de temps dt.

Le travail de la pesanteur est donc :

$$gdm\ (h_0 - h_1)\ ;$$

c'est un travail moteur ;

2º Travail de la pression p_0. Sur la section ω_0 s'exerce une force $p_0\omega_0$ et le chemin qu'elle parcourt est ds_0. Le travail est donc :

$$p_0\omega_0 ds_0\ ;$$

c'est aussi un travail moteur ;

3º Travail de la pression p_1. Ce travail est de même :

$$-\,p_1\omega_1 ds_1\ ;$$

nous mettons le signe (—), car c'est un travail résistant ;

4º Les travaux des pressions normales à l'axe du filet sont nuls.

La somme des travaux des forces extérieures est donc :

$$gdm\ (h_0 - h_1) + p_0\omega_0 ds_0 - p_1\omega_1 ds_1.$$

Évaluons maintenant l'accroissement de puissance vive de la masse considérée ; la masse comprise entre les tranches A'_0 et A_1 ne donne lieu à aucune variation de force vive, puisque le mouvement est permanent et que chacune des molécules qui la composent conserve la même vitesse pendant le temps dt. Tout se passe encore au point de vue des forces vives, comme au point de vue de la pesanteur, comme si la masse dm, comprise entre les tranches A_0 et A'_0 avec la vitesse v_0 était purement et simplement transportée entre les tranches A_1 et A'_1 avec la vitesse c_1. L'accroissement de puissance vive est donc :

$$\frac{1}{2}\,dmc_1^2 - \frac{1}{2}\,dmc_0^2$$

et l'équation des forces vives est :

$$gdm\,(h_0 - h_1) + p_0 \omega ds_0 - p_1 \omega_1 ds_1 = \frac{1}{2}\,dm\,(v_1{}^2 - v_0{}^2),$$

mais on a :

$$\varpi \omega_0 ds_0 = \varpi \omega_1 ds_1 = gdm$$

et l'équation précédente peut s'écrire :

$$gdm\,(h_0 - h_1) + \frac{p_0}{\varpi}\,gdm - \frac{p_1}{\varpi}\,gdm = \frac{1}{2}\,dm\,(v_1{}^2 - v_0{}^2)$$

ou encore :

$$h_0 + \frac{p_0}{\varpi} + \frac{v_0{}^2}{2g} = h_1 + \frac{p_1}{\varpi} + \frac{v_1{}^2}{2g}.$$

Pour un autre point A_2 du filet, nous aurions de même :

$$h_0 + \frac{p_0}{\varpi} + \frac{v_0{}^2}{2g} = h_2 + \frac{p_2}{\varpi} + \frac{v_2{}^2}{2g}.$$

On peut donc écrire d'une façon générale :

$$h + \frac{p}{\varpi} + \frac{v^2}{2g} = C^{te}.$$

C'est cette équation qui traduit analytiquement le théorème de Bernouilli ; cherchons ce que représentent les différents termes.

Les quantités h, cotes des points relativement au plan horizontal Z, sont appelées *altitudes* ; le plan arbitraire Z est dit *plan de comparaison.*

Les quantités $\dfrac{v^2}{2g}$ sont homologues à des longueurs.

En effet, une vitesse a pour dimensions LT^{-1}, et g accélération de la pesanteur, a pour dimensions LT^{-2}. Les dimensions de $\dfrac{v^2}{2g}$ sont donc $\dfrac{L^2T^{-2}}{LT^{-2}} = L$; ce quotient est appelé *hauteur due à la vitesse.*

Il représente la hauteur à laquelle s'élèverait un mobile lancé verticalement avec la vitesse v, dans le vide.

Les quantités $\dfrac{p}{\varpi}$ sont, elles aussi, homologues à des longueurs, car p a pour dimensions $\dfrac{MLT^{-2}}{L^2}$ et ϖ a pour dimensions $\dfrac{MLT^{-2}}{L^3}$.

Le quotient $\dfrac{p}{\varpi}$ a donc pour dimensions :

$$\frac{\left(\dfrac{\mathrm{MLT}^{-2}}{\mathrm{L}^2}\right)}{\left(\dfrac{\mathrm{MLT}^{-2}}{\mathrm{L}^3}\right)} = \mathrm{L}.$$

On l'appelle *hauteur due à la pression* ou encore *hauteur piézométrique*. Il représente la hauteur d'un cylindre du fluide considéré ayant l'unité de surface comme base et exerçant sur cette base la pression p.

Nous pouvons maintenant énoncer comme suit le théorème de Bernouilli :

« En un point quelconque d'un filet liquide pesant, animé d'un « mouvement permanent, l'altitude, la hauteur due à la vitesse et « la hauteur piézométrique forment une somme constante ».

Nous avons supposé, dans tout ce qui précède, que nous avions affaire à un fluide parfait, et que tout le travail des forces extérieures était utilisé uniquement à accroître la force vive de la masse. Mais, en réalité, le fluide n'est pas parfait, ses molécules frottent les unes contre les autres, et aussi contre les parois de l'enveloppe ; de plus, certaines circonstances accidentelles de l'écoulement peuvent elles-mêmes absorber une certaine quantité de travail.

Si nous appelons dW le travail absorbé par toutes les causes autres que la variation de force vive, nous devons écrire l'équation complète suivante :

$$gdm\,(h_0 - h_1) + p_0\varpi_0 ds_0 - p_1\varpi_1 ds_1 = \frac{1}{2}\,dm\,(v_1^2 - v_0^2) + dW$$

que l'on peut mettre sous la forme :

$$h_0 + \frac{p_0}{\varpi} + \frac{v_0^2}{2g} = h_1 + \frac{p_1}{\varpi} + \frac{v_1^2}{2g} + \frac{dW}{gdm}.$$

Or dW, qui représente un travail, a pour dimensions $\mathrm{MLT}^{-2} \times \mathrm{L}$ et gdm a pour dimensions MLT^{-2}.

Le quotient $\dfrac{dW}{gdm}$ a donc la dimension L et est homologue à une longueur.

Nous poserons $\dfrac{dW}{gdm} = \zeta_1$ et nous appellerons *perte de charge* ce terme correctif qui rend applicable, dans la pratique, l'équation de Bernouilli.

Nous écrirons alors celle-ci sous la forme générale :

$$h : \frac{p}{\varpi} + \frac{v^2}{2g} + \zeta = C^{te} \tag{2}$$

et nous énoncerons le théorème :

« En un point quelconque d'un filet liquide pesant, animé d'un « mouvement permanent, l'altitude, la hauteur due à la vitesse, la « hauteur piézométrique et la perte de charge, forment une somme « constante ».

Le théorème de Bernouilli est susceptible d'une interprétation géométrique immédiate.

Si en chacun des points A_0, A_1, A_2..., d'un filet liquide (fig. 4) dont les altitudes prises par rapport à un plan horizontal de comparaison Z

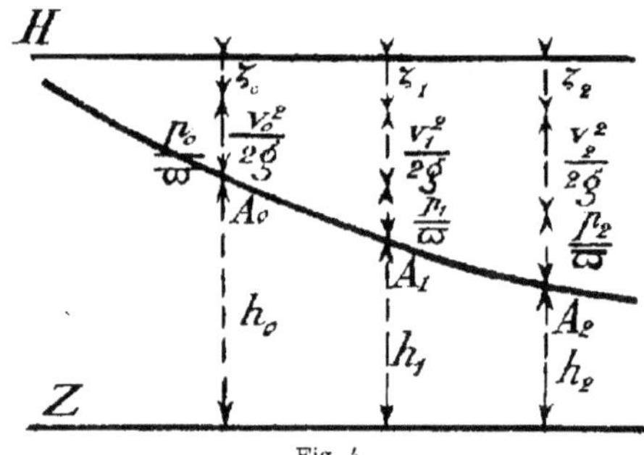

Fig. 4

sont h_0, h_1, h_2..., on porte, sur des verticales, des longueurs égales à la hauteur piézométrique augmentée de la hauteur due à la vitesse et de la perte de charge, les extrémités de ces verticales se trouvent toutes dans un second plan horizontal H. Celui-ci est appelé *plan de charge*.

Extension du théorème de Bernouilli. — En considérant le mouvement de l'eau dans un canal fixe, nous venons d'établir l'équation :

$$h + \frac{p}{\varpi} + \frac{v^2}{2g} + \zeta = C^{te}.$$

Nous allons supposer maintenant que le canal est animé d'un

mouvement de rotation uniforme autour d'un axe vertical XX (fig. 5) appelons w_0 et w_1 les vitesses d'écoulement de l'eau dans le canal aux points A_0 et A_1 et soient u_0 et u_1 les vitesses de circulation de ces points, dont les distances de l'axe XX sont respectivement r_0 et r_1.

Lorsque le canal est en mouvement, w_0 et w_1 sont donc les vitesses relatives de l'eau dans ce canal. On sait que l'on peut écrire l'équation des forces vives dans le mouvement relatif, à la condition d'ajouter aux forces réelles la force d'inertie d'entrainement.

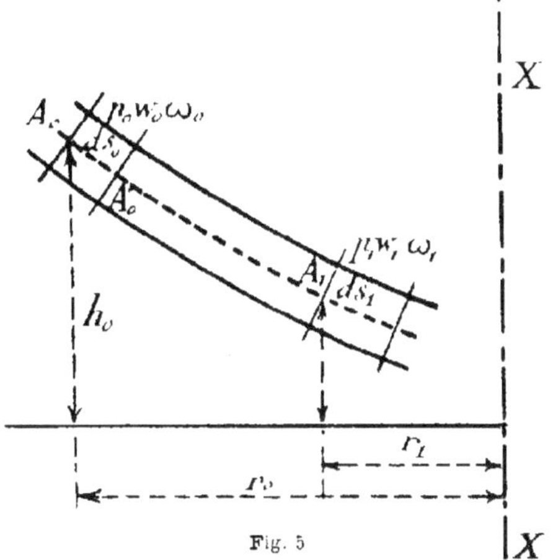

Fig. 5

Dans le cas particulier qui nous occupe, nous n'avons à tenir compte que de la force centrifuge.

On sait, en effet, que la force centrifuge composée est toujours normale à la trajectoire ; elle n'entre donc jamais dans l'équation des forces vives, puisque son travail est nul.

Soit θ la vitesse angulaire du système ; lorsque la masse dm située à une distance r de l'axe subit un déplacement dr, le travail de la force centrifuge est :

$$dm\,\theta^2 r\,dr.$$

Si donc la masse dm se déplace de A_0 en A_1, le travail de la force centrifuge est :

$$dm\,\theta^2 \int_{r_0}^{r_1} r\,dr = \frac{1}{2}\,dm\,\theta^2\,(r_1{}^2 - r_0{}^2) = \frac{1}{2}\,dm\,(u_1{}^2 - u_0{}^2).$$

L'équation des forces vives devient alors :

$$g dm (h_0 - h_1) + \frac{p_0}{\varpi} g dm - \frac{p_1}{\varpi} g dm + \frac{1}{2} dm (u_1^2 - u_0^2) = \frac{1}{2} dm (w_1^2 - w_0^2),$$

ce que l'on peut écrire :

$$h_0 + \frac{p_0}{\varpi} + \frac{w_0^2 - u_0^2}{2g} = h_1 + \frac{p_1}{\varpi} + \frac{w_1^2 - u_1^2}{2g}.$$

On arriverait, comme nous l'avons déjà vu, en tenant compte des résistances passives, à l'équation générale :

$$h + \frac{p}{\varpi} + \frac{w^2 - u^2}{2g} + \zeta = C^{te}. \tag{3}$$

C'est l'équation que nous cherchions ; on voit qu'elle est analogue à l'équation de Bernouilli rappelée plus haut.

Les équations (1), (2) et (3) que nous venons d'établir sont de la plus grande importance.

§ 3. — ÉCOULEMENT DE L'EAU

PAR DIVERS ORIFICES

Soit un réservoir de très grande surface percé d'un orifice de section ω dont le centre de gravité est en A à une distance h de la surface libre (fig. 6).

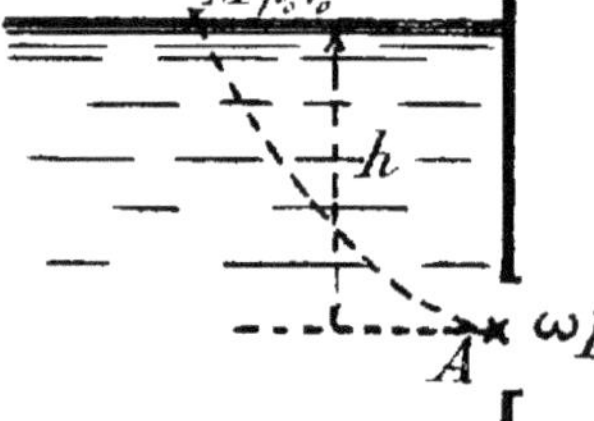

Fig. 6

Appliquons le théorème de Bernouilli entre la surface libre et le point A, en prenant comme plan de comparaison le plan de la surface libre.

Nous aurons, en supposant le fluide parfait :

$$\frac{p_0}{\varpi} + \frac{v_0^2}{2g} = -h + \frac{p}{\varpi} + \frac{v^2}{2g}.$$

Si l'écoulement se fait dans l'air, et si l'on désigne par p_a la pression atmosphérique, on peut écrire, si la hauteur h n'est pas trop considérable :

$$p_0 = p = p_a.$$

De plus, si comme on l'a supposé, la section du réservoir est très grande, la vitesse c_0 est très petite, et nous pouvons la négliger.

L'équation précédente donne alors :

$$0 = -h + \frac{v^2}{2g} \qquad \text{ou} \qquad v = \sqrt{2gh}.$$

C'est la formule de Toricelli.

On déduirait de cette formule le débit théorique Q de l'orifice :

$$Q = \omega \sqrt{2gh} \, ;$$

la hauteur h est ce qu'on appelle la charge sur le centre de l'orifice.

En réalité, les choses ne se passent pas aussi simplement, et il faut affecter la formule précédente d'un coefficient.

D'une façon générale nous écrirons :

$$Q = m\omega \sqrt{2gh}.$$

Le coefficient m a été déterminé expérimentalement pour certaines dispositions d'orifices ; il varie dans des limites assez étendues, et on commettrait des erreurs très grossières en lui attribuant toujours une valeur moyenne.

Nous allons envisager quelques dispositions particulières d'orifices que l'on rencontre assez souvent dans la pratique, nous citerons des nombres qui n'auront pour but que d'indiquer l'ordre de grandeur du coefficient m ; mais ce coefficient variant avec les dimensions et la forme des orifices ainsi qu'avec la charge, lorsqu'on aura affaire en réalité à un cas bien déterminé, il faudra chercher dans les ouvrages spéciaux (en particulier dans l'*Hydraulique* de M. Flaman) la valeur convenable de m. Si on ne trouve pas exactement spécifiée la disposition que l'on a vue, on ne pourra accorder qu'une confiance très limitée aux calculs faits avec un coefficient se rapportant à une disposition seulement analogue.

Orifice en mince paroi. — Si les bords de l'orifice sont taillés en biseau, comme l'indique la figure 7, l'orifice est dit en *mince paroi*.

A la sortie, les filets sont d'abord convergents, mais à une certaine distance AN, égale à peu près à la moitié du diamètre de l'orifice, si celui-ci est circulaire, ils deviennent parallèles, en traversant une section ω' dont l'aire est sensiblement inférieure à celle ω de l'orifice : ω' est appelé *section contractée*. D'après ce que nous avons vu, on aurait dans la formule du débit :

$$Q = \omega' \sqrt{2gh} = m\omega \sqrt{2gh},$$

en sorte que m mesurerait la contraction de la section de l'orifice, aussi l'appelle-t-on souvent *coefficient de contraction*. Mais il paraît plus logique de l'appeler *coefficient de débit*, car sa mesure directe a été obtenue en divisant le débit trouvé Q par le produit $\omega\sqrt{2gh}$ (Poncelet, Lesbros, Bazin) et il peut tenir compte aussi bien d'une variation possible de la vitesse que de la variation de section.

Comme première approximation, dans le cas d'orifice en mince paroi, on peut donner à m la valeur 0,62.

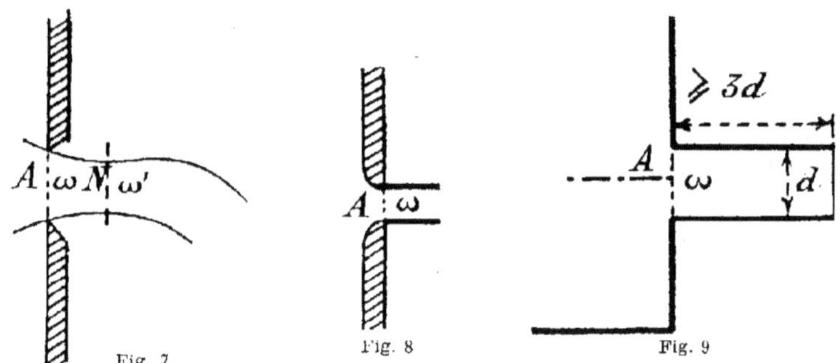

Orifice avec veine moulée. — Si les bords de l'orifice sont soigneusement arrondis, comme dans la figure 8, et si l'épaisseur des parois est suffisante, égale à environ la moitié du diamètre de l'orifice, si celui-ci est circulaire, la contraction est insensible et le coefficient m est voisin de 0,98.

Ajutage cylindrique. — Si l'orifice porte un ajutage cylindrique (fig. 9) dont la longueur est au moins égale à trois fois le diamètre, on peut prendre pour m la valeur $m = 0,82$.

Ajutages coniques. — *a*) Ajutages convergents :

Dans le cas de l'ajutage convergent représenté par la figure 10, la valeur du coefficient de débit peut être prise égale à m : 0,967.

Si l'ajutage est arrondi intérieurement (fig. 10 a), on peut admettre, d'après Weisbach, que le coefficient de débit est donné par :

$$m = 0,966 - 0,213 \ \mathrm{tg} \ \delta,$$

δ étant le demi-angle au sommet du cône.

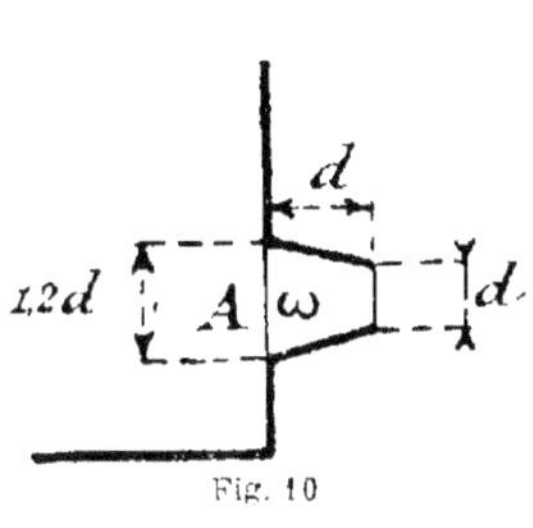

Fig. 10

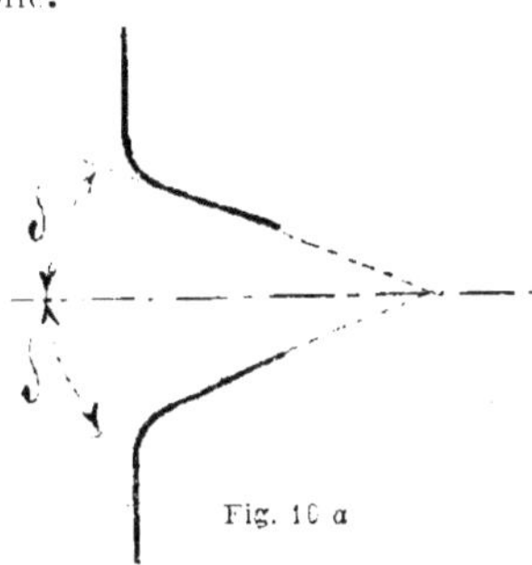

Fig. 10 a

b) ajutages divergents :

Si les bords internes sont convenablement arrondis de façon à mouler la veine (fig. 10 b) et si le demi-angle au sommet du cône ne dépasse pas 7° (limite au-dessus de laquelle la veine d'eau se décolle des parois de l'ajutage), on peut négliger la perte de charge due au dispositif. Il semble alors qu'en prolongeant suffisamment l'ajutage, on pourrait accroître indéfiniment la section de sortie EF et le débit de l'orifice.

Il n'en est rien, car dans la section rétrécie CD, la pression diminue à mesure que le débit augmente, et, théoriquement, dès que cette pression devient nulle, l'écoulement devient tumultueux. Pratiquement, ce phénomène se produit dès que la pression dans la section CD devient inférieure à 3 mètres d'eau environ. Il est facile de voir que l'on a alors :

$$\omega_{max} = \omega' \sqrt{\frac{h - 7}{h}},$$

ce qui donnerait pour le débit maximum :

$$Q_{max} = \omega' \sqrt{2g(h - 7)}.$$

Pratiquement il faut prendre :

$$Q_{max} = 0,96 \, \omega' \sqrt{2g(h - 7)}.$$

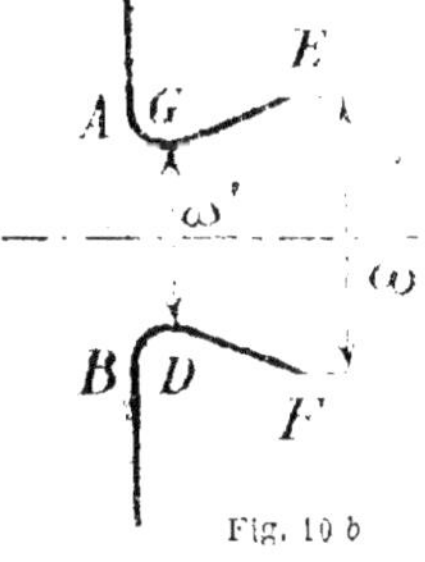

Fig. 10 b

2

Vanne verticale. — Supposons l'orifice prolongé par un coursier (fig. 11) et le canal ayant à l'amont et à l'aval la même largeur l que

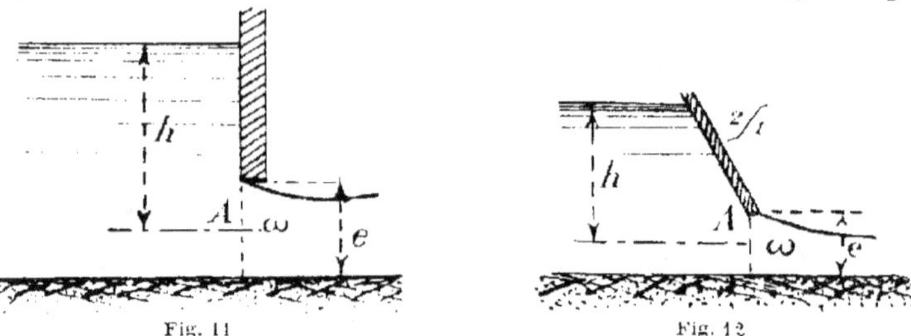

Fig. 11   Fig. 12

l'orifice. La contraction est ainsi évitée sur les côtés et sur le seuil. Si alors e est la levée de la vanne, on a $\omega = le$, et on peut prendre :

$$Q = 0{,}70\,le\,\sqrt{2gh}\;;$$

m est alors égal à 0,70.

Vanne inclinée à 2/1. — En conservant les dispositions précédentes, mais avec une vanne inclinée à 2/1 (fig. 12), e représentant la levée, on a :

$$m = 0{,}74 \text{ et } Q = 0{,}74\,le\,\sqrt{2gh}.$$

Vanne inclinée à 1/1. — Si l'inclinaison de la vanne est de 1/1 (fig. 13), on a :

$$m = 0{,}80 \text{ et } Q = 0{,}80\,le\,\sqrt{2gh}.$$

Ces trois derniers coefficients sont dus à Poncelet.

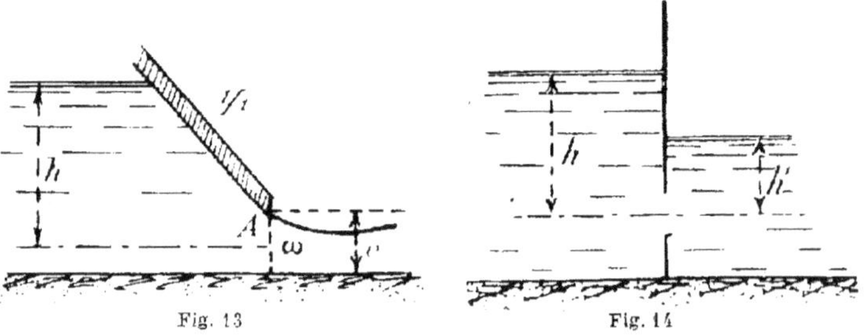

Fig. 13   Fig. 14

Remarque. — Si l'orifice est noyé, comme le montre la figure 14, si h et h' sont les charges sur le centre de l'orifice à l'amont et à l'aval, il faut remplacer, dans les formules précédentes, h par la différence $h_1 = h - h'$.

Déversoirs. — On rencontre souvent dans la pratique des orifices appelés *déversoirs*. Un déversoir consiste essentiellement en un barrage établi dans un canal, de façon à permettre l'écoulement de l'eau par dessus sa crête, réglée horizontalement. La crête du barrage prend alors le nom de *seuil du déversoir*.

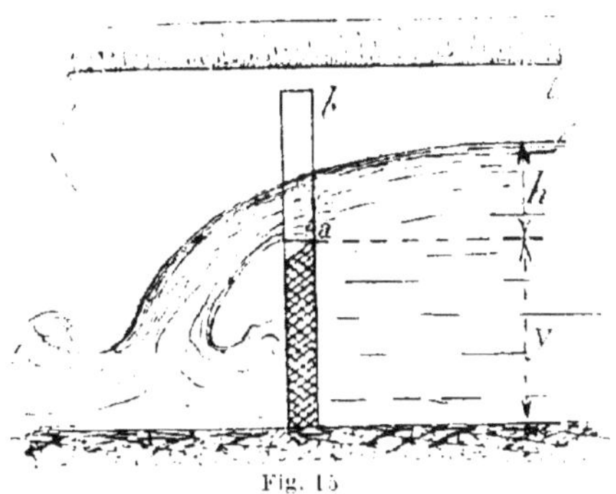

Fig. 15

On a fait, au sujet des déversoirs, de très nombreuses expériences poursuivies avec le plus grand soin ; on a pu, par suite, établir des formules donnant une grande approximation pour l'évaluation de leur débit en toutes circonstances [1].

Chaque fois qu'on devra mesurer un débit exactement, par exemple lorsqu'on recherche le rendement d'un moteur hydraulique, c'est donc avec un déversoir qu'on devra opérer de préférence à tout autre dispositif.

Un déversoir peut être à parois épaisses, ou en mince paroi, tout comme un orifice percé dans un réservoir.

Les formules relatives aux déversoirs à parois épaisses sont incertaines. Au contraire, pour les déversoirs en mince paroi, M. Bazin a pu établir une formule donnant le coefficient de débit avec une grande exactitude. Nous nous occuperons donc spécialement des déversoirs en mince paroi.

Les figures 15, 16 et 17 donnent le profil, l'élévation et le plan d'un déversoir en mince paroi.

$a - a$ représente le seuil qui doit être parfaitement horizontal ;

---

[1] Voir à ce sujet l'*Hydraulique* de M. FLAMANT, inspecteur général des Ponts et Chaussées.

$a - b$ sont les joues qui doivent être parfaitement verticales. Pour que le déversoir soit en mince paroi, il faut que les arêtes $a - b$ des joues, ainsi que l'arête $a - a$ du seuil soient taillées en biseau très aigu ; le biseau doit être tourné vers l'amont, comme l'indiquent

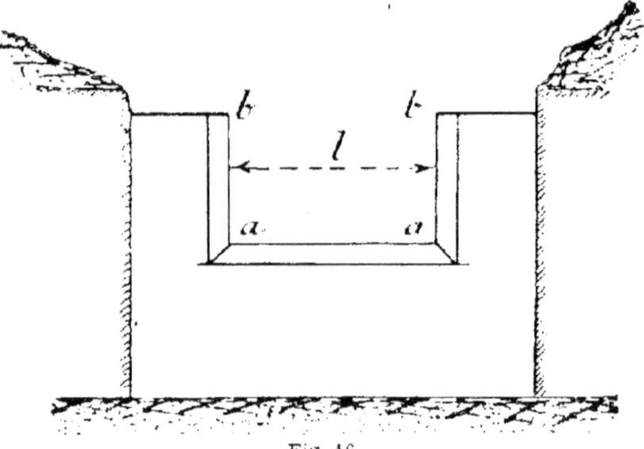

Fig. 16

les figures 15 et 17. On a alors une contraction sur le seuil, ainsi que sur chaque joue. Si les joues sont supprimées, et si le seuil occupe toute la largeur du canal, on n'a plus, naturellement, de contractions latérales ; mais dans ce dernier cas, pour que l'écoulement soit régu-

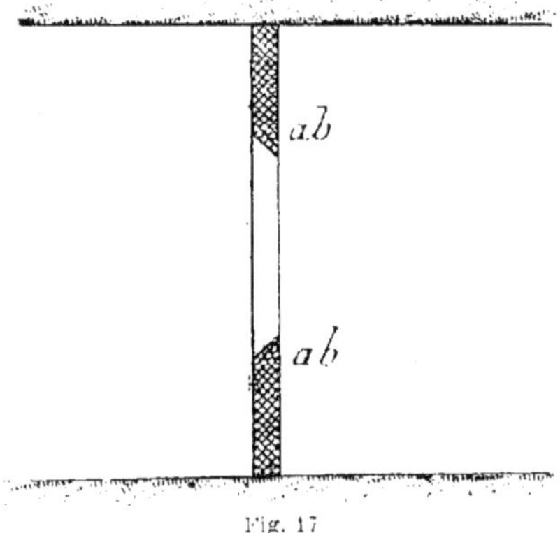

Fig. 17

lier, il faut assurer la circulation de l'air en dessous de la lame déversante ; si cette précaution n'est pas réalisée, la lame s'abaisse, puis adhère à la paroi du déversoir ; on ne peut plus, alors, connaître avec exactitude le coefficient à employer dans la formule du débit. Cette formule s'écrit, dans le cas où on n'a pas de contractions latérales :

$$Q = m l h \sqrt{2gh}$$

m est le coefficient de débit ;
l est la largeur du déversoir ;
h est la charge sur le seuil du déversoir.

La mesure de h doit se faire à une certaine distance en amont du déversoir, car, un peu avant celui-ci, la lame d'eau s'abaisse, et son épaisseur e au-dessus du seuil n'est qu'une fraction de h.

Le coefficient m a été déterminé par différents expérimentateurs, notamment par M. Bazin.

Le seuil du déversoir employé par M. Bazin pour ses expériences occupait toute la largeur du canal et était constitué par une lame de tôle de 7 ^m_m d'épaisseur. L'aération de la lame déversante était assurée par des puits latéraux. Au droit de ces puits, depuis le niveau du seuil jusqu'en haut du canal, les parois verticales de celui-ci étaient remplacées par des planches rabotées, les prolongeant et assurant ainsi une largeur bien constante de la lame déversante.

M. Bazin a reconnu que le coefficient de débit m varie non seulement avec la charge h, mais aussi avec la hauteur y du seuil du déversoir au-dessus du fond du canal. A la suite d'expériences extrêmement nombreuses, il a établi la formule suivante :

$$m = \left(0{,}405 - \frac{0.003}{h} \right) \left[1 + 0{,}55 \left(\frac{h}{h+y} \right)^2 \right] \, {}^{(1)}.$$

Ce sont les dispositifs de M. Bazin et sa formule qu'il faut appliquer lorsque l'on veut faire des mesures précises de débit. Il convient alors de mesurer h au moyen d'une pointe très effilée, coulissant dans un support fixe et que l'on fait affleurer à la surface de la nappe ; ce dispositif de mesure doit être installé à 2 ou 3 mètres en amont du déversoir, au-dessus d'un puits latéral communiquant avec le canal par de petits orifices percés à sa partie inférieure : on évite par ce moyen les fluctuations de niveau de la surface libre qui gênent grandement les opérations.

---

(1) Cette formule n'est valable que pour $0^m10 < h < 0^m70$.

Mais les puits d'aération de la nappe et ceux servant à mesurer son épaisseur, comme il vient d'être dit, s'ils n'ont pas été prévus pendant la construction du canal, sont en général difficiles ou impossibles à réaliser par la suite.

Il faut alors effectuer les mesures en repérant avec la pointe le niveau de la surface libre au milieu du canal : comme cette surface est très mobile, on placera la pointe de façon qu'elle soit immergée et émergée pendant des temps égaux ; il va sans dire que l'approximation ainsi obtenue est inférieure de beaucoup à celle que procure le procédé normal indiqué plus haut. La passerelle qu'il faut jeter en travers du canal pour manœuvrer la pointe doit être complètement indépendante du support fixe de celle-ci ; ce support est, en général, constitué par une poutrelle appuyée sur les rives.

On remédie à l'absence des puits d'aération en munissant les déversoirs de joues verticales éloignant la lame déversante des côtés du canal, et permettant ainsi la circulation d'air nécessaire. Mais, dans ce cas, il se produit sur les joues des contractions qui réduisent la largeur utile du déversoir. L'expérience prouve qu'il faut alors, dans la formule du débit, remplacer l par

$$l - \frac{2h}{10} \quad \text{ou} \quad \left(l - \frac{4h}{10}\right)^{[1]}$$

suivant que l'on a une ou deux joues verticales.

Dans les prises d'eau, ou les chambres de mise en charge, comme nous le verrons bientôt, on a à établir des déversoirs de superficie pouvant assurer un débit maximum déterminé. Ce sont des constructions en maçonnerie qui ne se prêtent guère au dispositif de la mince paroi, et leur seuil a une certaine épaisseur, souvent considérable. Comme on les calcule toujours très largement, on n'a pas besoin de connaître très exactement le coefficient qui leur convient spécialement. On peut prendre pour ces déversoirs le coefficient approché (d'après Lesbros) $m - 0,35$.

Si l'on a affaire à des déversoirs à talus plus ou moins inclinés, on peut trouver dans les ouvrages spéciaux le coefficient convenant à certains cas particuliers [2].

---

[1] D'après MM. TAVERNIER et DE LA BROSSE, Ingénieurs en chef des Ponts et Chaussées, (*Instructions pratiques concernant les jaugeages*).

[2] FLAMANT, loc. cit.

§ 4. — ÉCOULEMENT DE L'EAU
DANS LES CANAUX DÉCOUVERTS

Soit un canal découvert rectiligne, dont la cuvette, de section transversale constante, est représentée par la figure 18 et dont la pente est constante. Nous supposons que ce canal débite un volume d'eau Q. Si nous appelons Ω l'aire du trapèze ABCD, le rapport $U = \dfrac{Q}{\Omega}$ est la *vitesse moyenne* ; la somme des longueurs AC + CD + DB = χ est le *périmètre mouillé* et le rapport $R = \dfrac{\Omega}{\chi}$ est le *rayon moyen* ou *rayon hydraulique*.

Lorsque le mouvement est uniforme, ce qui est le cas général, on peut trouver la pente I à donner au canal pour assurer le débit Q, étant donnés R et χ par la formule de Bazin :

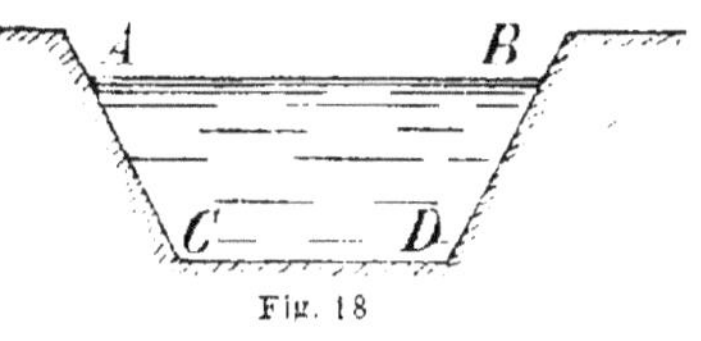

Fig. 18

$$RI = bU^2.$$

Cette formule n'est applicable que pour $U \geqslant 0^{\mathrm{m}}10$; b est un coefficient ayant des valeurs particulières suivant la nature des parois de la cuvette. On prendra :

1° Parois très unies (ciment lissé, bois raboté, etc.) . . . $b = 0,00015 \left(1 - \dfrac{0,03}{R}\right)$

2° Parois unies (pierres taillées, briques, planches, etc.) $b = 0,00019 \left(1 - \dfrac{0,07}{R}\right)$

3° Parois peu unies (maçonnerie de moellons) . . . . . $b = 0,00024 \left(1 - \dfrac{0,25}{R}\right)$

4° Parois en terre. . . . . $b = 0,00028 \left(1 - \dfrac{1,25}{R}\right)$

5° Parois en gravier. . . . . $b = 0,00040 \left(1 - \dfrac{1,75}{R}\right)$

Bazin a proposé une seconde formule pour calculer la pente I à donner à un canal ; elle s'écrit :

$$U = \frac{87}{1 + \dfrac{\gamma}{\sqrt{R}}} \sqrt{RI}.$$

Le coefficient γ est variable suivant la nature des parois et prend les valeurs suivantes :

1° Parois très unies (ciment lissé, bois raboté)............... $\gamma = 0,06$
2° Parois unies (pierres taillées, briques, planches) .... $\gamma = 0,16$
3° Parois peu unies (moellons) .... $\gamma = 0,46$
4° Parois en terre, très régulières, ou perrés................. $\gamma = 0,85$
5° Parois en terre, ordinaires............................. $\gamma = 1,30$
6° Parois en terre, très régulières........................ $\gamma = 1,75$

Cette formule s'accorde remarquablement bien avec les essais et est très recommandable.

Vitesse à la surface. — La vitesse V à la surface de l'eau s'écoulant dans un canal est plus forte que la vitesse moyenne U. On a approximativement :

$$U = 0,8\,V,$$

mais, suivant la nature des parois et les valeurs du rayon moyen R, le rapport de U à V peut varier dans de larges limites (environ de 0,6 à 0,85).

Vitesse en différents points. — Au sein de la masse liquide, les vitesses sont variables en chaque point. Sur chaque horizontale menée dans une section transversale, la vitesse est maximum près du milieu ; en allant vers les rives, elle diminue d'abord lentement, puis rapidement lorsqu'on approche très près des rives (fig. 19).

Sur chaque verticale la vitesse est maximum un peu au-dessous de la surface libre, contrairement à ce que l'on pourrait croire à première vue, et elle va ensuite en décroissant à mesure qu'on se rapproche du fond (fig. 19).

Ressaut superficiel et vitesse moyenne maximum. — Si la pente I est forte, la vitesse moyenne U peut prendre des valeurs assez considérables pour que le quotient $\dfrac{U^2}{2g}$, qui représente une **longueur,** devienne plus grand que la moitié de la hauteur du trapèze ABCD ; dans ce cas on constate le phénomène appelé *ressaut superficiel* : la surface libre du courant est animée d'un mouvement varié et affecte une forme courbe plus ou moins sinusoïdale (fig. 29) qui peut présenter une tangente verticale.

Il faut éviter la production du ressaut qui occasionne une perte de charge et pour cela ne pas admettre pour U des valeurs trop fortes.

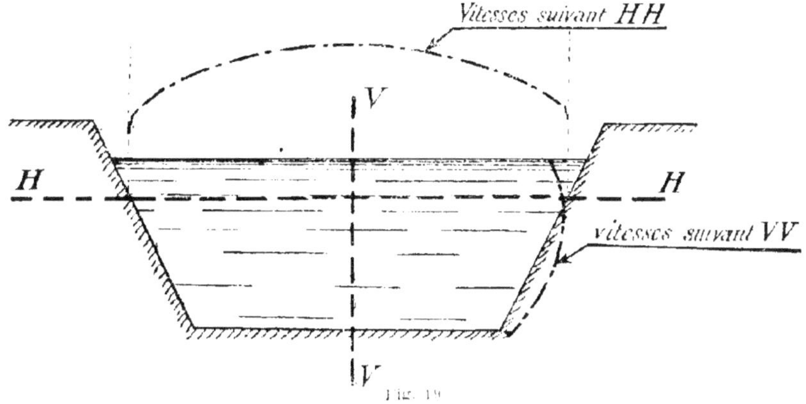

Il y a d'ailleurs une autre raison importante pour ne donner à U que de faibles valeurs, c'est la conservation des rives et du fond de la

cuvette. Si U est trop grand, les parois se dégradent rapidement. On admettra à ce point de vue, comme maximum, les nombres suivants :

NATURE DES PAROIS	VITESSE MAXIMUM
Argile	0^m200
Gravier.	0^m800
Schistes tendres.	2^m000
Roches dures.	4^m000

§ 5. — ÉCOULEMENT DE L'EAU DANS LES CONDUITES

Conduites rectilignes de diamètre constant. — Soit une conduite rectiligne ayant une section Ω et débitant un volume d'eau Q. Si le mouvement est uniforme, on aura encore, en appelant U la vitesse moyenne :

$$U = \frac{Q}{\Omega}.$$

Les frottements de l'eau contre les parois plus ou moins lisses de la conduite, et les frottements des molécules les unes contre les autres, occasionnent une perte de charge qui représente, dans les cas particuliers, ce que nous avons appelé ζ dans l'équation de Bernouilli.

On a proposé plusieurs formules faisant connaître la perte de charge J pour une longueur de conduite de 1 mètre, en fonction de la vitesse moyenne U et du diamètre D de la conduite. On a employé longtemps la formule de Prony :

$$\frac{1}{4} D J = aU + bU^2,$$

dans laquelle il faut faire :

$$a = 0,000017 \quad \text{et} \quad b = 0,000348.$$

On peut aussi utiliser la formule de Darcy :

$$\frac{1}{4} DJ = \left(\alpha + \frac{\beta}{D} \right) U^2$$

avec :

$$\alpha = 0,000507 \quad \text{et} \quad \beta = 0,00001294.$$

Cette formule convient plus particulièrement aux tuyaux en fonte chargés de dépôts, dans le cas où la vitesse U n'excède pas 2 à 3 mètres par seconde. Plus récemment, M. Maurice Lévy a proposé la formule :

$$U = 20,5 \sqrt{\frac{DJ}{2} \left(1 + 3 \sqrt{\frac{D}{2}} \right)}.$$

Toutes ces formules permettent de calculer la perte de charge J par mètre courant.

Si la conduite envisagée a une longueur L, la perte de charge totale due aux frottements dans la conduite est égale à $L \times J$.

Conduite rectiligne dont le diamètre varie progressivement. — On peut, sans erreur grave, appliquer aux tronçons de conduites coniques la formule de Prony. Si L est la longueur du tronc de cône (fig. 21), la perte de charge totale dans cette partie de la conduite est donnée par :

$$J = \int_0^L \frac{1}{D}(aU + bU^2)\,dl,$$

D étant alors une fonction de l.

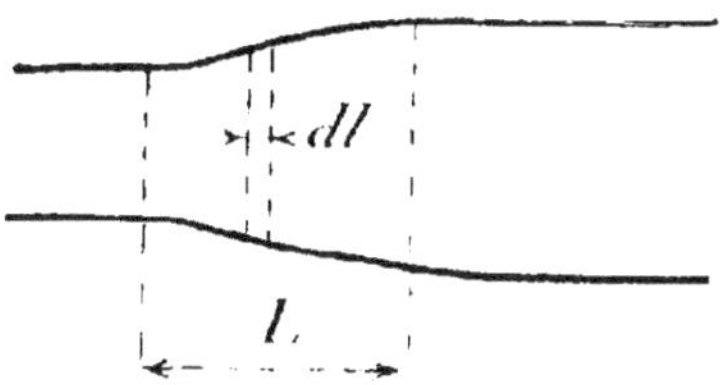

Fig. 21

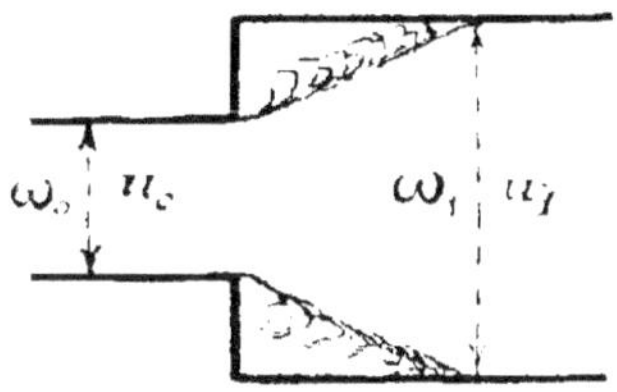

Fig. 22

Elargissement brusque. — Soient ω_0 et U_0 la section et la vitesse avant l'élargissement, ω_1 et U_1 la section et la vitesse après l'élargissement (fig. 22). On démontre (théorème de Bélanger) que l'élargissement brusque donne lieu à une perte de charge égale à $\frac{(U_0-U_1)^2}{2g}$. En outre, le frottement des molécules d'eau les unes contre les autres, dans les tourbillons qui se produisent au changement de section, occasionnent une autre perte de charge égale à $\frac{1}{9}\,\frac{U_1^2}{2g}$. (C'est un résultat d'expérience.)

La perte de charge totale due à l'élargissement brusque est donc :

$$J = \frac{(U_0-U_1)^2}{2g} + \frac{1}{9}\,\frac{U_1^2}{2g} = \frac{U_1^2}{2g}\left[\left(\frac{\omega_1}{\omega_0} - 1\right)^2 + \frac{1}{9}\right].$$

Rétrécissement brusque. — 1° Avec interposition d'un diaphragme (fig. 23). L'orifice ω_0 peut être considéré comme un orifice percé dans la paroi du réservoir formé par la grosse conduite.

La perte de charge est donc, d'après ce que nous venons de dire :

$$J = \frac{U_1^2}{2g}\left[\left(\frac{\omega_1}{m\,\omega_0} - 1\right)^2 + \frac{1}{9}\right];$$

m est un coefficient de contraction variable suivant la **nature du diaphragme**. On prendra sa valeur dans les tables relatives aux orifices chargés.

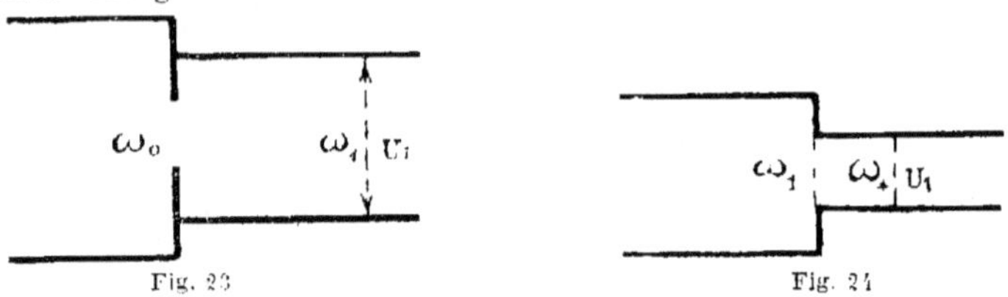

2° Sans interposition de diaphragme (fig. 24).

On a alors $\omega_1 = \omega_0$ et la formule précédente s'écrit :

$$J = \frac{U_1^2}{2g}\left[\left(\frac{1}{m} - 1\right)^2 + \frac{1}{9}\right].$$

Si l'on fait $m = 0,62$ ce qui revient à assimiler la section de rétrécissement à un orifice en mince paroi, on trouve la formule habituelle :

$$J = (0,38 + 0,11)\frac{U_1^2}{2g} \simeq 0,5\frac{U_1^2}{2g}.$$

Robinets. — Les robinets plus ou moins ouverts occasionnent des pertes de charge que l'on peut calculer par la formule :

$$J = K\frac{U^2}{2g} :$$

U étant la vitesse moyenne avant et après le robinet. Le coefficient **K**, qui est fonction de l'ouverture, est donné par les tables suivantes :

1° *Robinet vanne* (Conduite cylindrique), (fig. 25) :

$\dfrac{x}{D}$	K
1/8	0,07
2/8	0,26
3/8	0,81
4/8	2,06
5/8	5,52
6/8	17,00
7/8	97,80

2º *Robinet papillon*, (Conduite cylindrique) (fig. 26) :

δ	K	δ	K
5º	0,24	45º	18,3
10	0,52	50	32,6
15	0,90	55	58,8
20	1,54	60	118,0
25	2,51	65	256,0
30	3,91	70	751,0
35	6,22	90	
40	10,8		

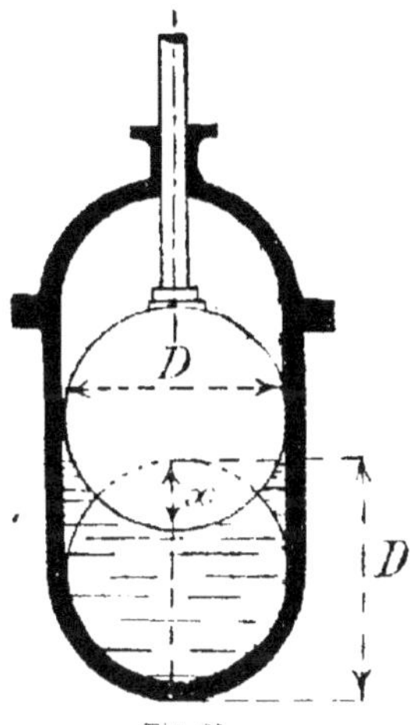

Fig. 25

Fig. 26

Coudes. — La perte de charge due à un changement de direction est donnée par la formule :

$$J = K \frac{U^2}{2g} ;$$

K est un coefficient variable suivant les cas :

1º Coudes brusques. Si α est l'angle, on a alors :

$$K = 0,9457 \sin^2 \frac{\alpha}{2} + 2,047 \sin^4 \frac{\alpha}{2}.$$

2° Coudes arrondis. On a la formule :

$$K = \frac{S}{\pi r}\left[0{,}131 + 1{,}847 \left(\frac{d}{2r} \right)^{7/2} \right],$$

dans laquelle :

S = développement de la ligne moyenne du coude ;
r = rayon de courbure de cette ligne moyenne ;
d = diamètre de la conduite.

Dérivations. — Soient (fig. 27) :
U_0 la vitesse dans la conduite principale ;
U_1 la vitesse dans la conduite de dérivation ;
α l'angle,
On a :

$$J = \frac{U_0^2}{2g}\sin^2\alpha + 2\frac{U_1^2}{2g}.$$

Nous arrêtons là cette énumération des formules relatives à l'écoulement de l'eau dans différentes circonstances particulières.

Nous avons dû les faire connaître, parce qu'elles sont d'une application constante, mais nous n'avons pas cru devoir les établir.

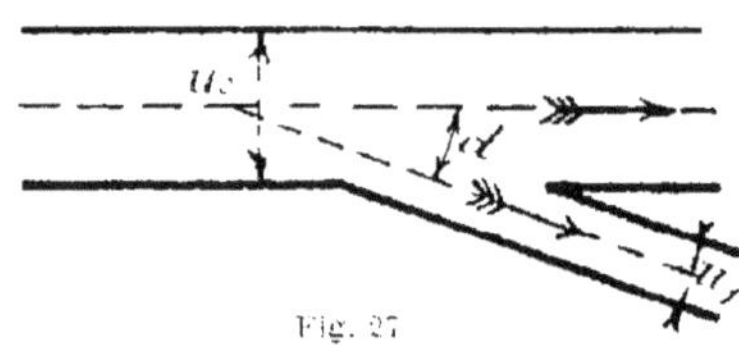

Fig. 27

Leur démonstration est, en effet, assez aride et nous aurions dû sortir du cadre qui nous est imposé.

Les notions fondamentales d'hydraulique que nous venons de résumer brièvement vont nous permettre de faire une étude raisonnée de l'aménagement d'une chute d'eau et aussi d'asseoir les calculs d'établissement des moteurs hydrauliques.

CHAPITRE II

Organisation Générale d'une chute

§ 1. — DIVISION DES OUVRAGES

D'une façon générale, l'aménagement d'une chute d'eau comporte :
Les ouvrages de la prise d'eau ;
Le canal d'amenée ;
La chambre d'eau, ou de mise en charge ;
La conduite forcée et le collecteur ;
L'usine, où sont installés les moteurs ;
Le canal de fuite.
Nous dirons quelques mots de chacune de ces parties dont la réunion constitue une chute installée industriellement.

Nous consacrerons un chapitre spécial aux turbines dont l'étude sommaire est, en définitive, le but principal que nous poursuivons ici. Disons cependant de suite que nous n'avons pas l'intention d'écrire dans ces pages un traité sur la construction des turbines, traité dont n'auraient que faire les électriciens auxquels s'adresse cette encyclopédie et qui, par surcroît, serait très à l'étroit dans le cadre qui nous est imposé. Notre but est simplement de décrire les divers types de ces machines et de donner au lecteur les moyens de choisir en toute sécurité, dans chaque cas déterminé, le meilleur type de turbine et la meilleure vitesse à adopter.

§ 2. — OUVRAGES DE LA PRISE D'EAU

Une prise d'eau peut être destinée à dériver tout ou partie d'un cours d'eau dans le canal d'amenée ; elle peut aussi, si les conditions locales le permettent, être disposée dans une vallée, en la barrant complètement, de façon à créer un réservoir où s'accumulent toutes les eaux du bassin hydrographique particulier de cette vallée.

Une prise d'eau comprend (fig. 28) : le barrage AB, qui fait souvent office de déversoir de superficie, les vannes de chasse C destinées à donner libre passage à l'eau des crues, et aussi à évacuer les sables et graviers qui peuvent se déposer à l'entrée du canal d'amenée ; la grille de protection D et les vannes de garde E situées à l'entrée du canal d'amenée.

Le *barrage*, plus ou moins étendu, suivant les circonstances, peut être : ou un barrage fixe en maçonnerie, ou un barrage mobile métallique.

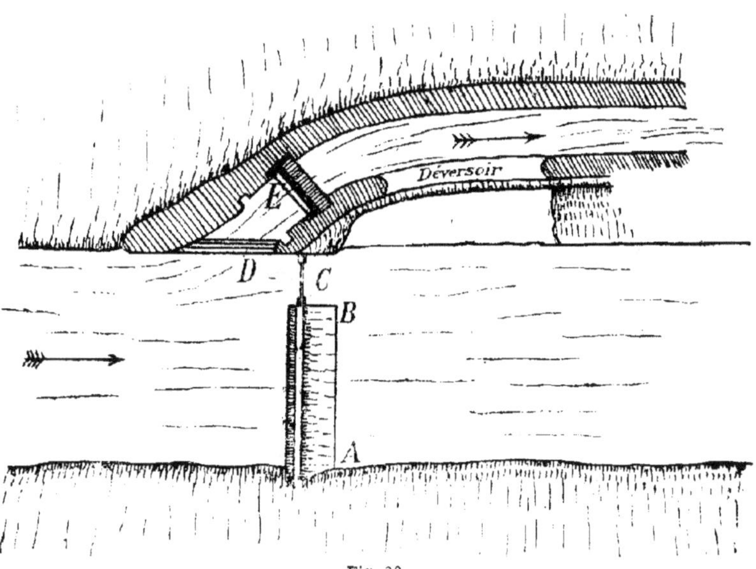

Fig. 28

Les barrages fixes en maçonnerie ou les digues, doivent être construits avec un soin tout particulier et en utilisant des matériaux de premier choix. Il faut que leurs fondations reposent sur des terrains extrèmement résistants, car non seulement ces terrains ont à supporter des pressions énormes, mais ils peuvent être affouillés par les eaux, ce qui entraînerait la ruine de l'ouvrage.

On ne peut guère compter d'une façon absolue que sur les roches compactes. A l'emplacement de la fondation, le roc doit être mis à vif, et on coulera dans les fissures du mortier de ciment. Le fond de la fondation ne sera pas aplani, mais présentera au contraire des ressauts, de manière à bien relier la maçonnerie au sol, et empêcher les infiltrations et les glissements.

Toutefois, il ne faut pas laisser des pointes de rocher, qui, ne tassant pas comme la maçonnerie, détermineraient des fissures.

On donne quelquefois au barrage, en plan, une forme courbe, dont la convexité est tournée vers l'amont, pour qu'il résiste un peu comme une voûte. Souvent aussi il est rectiligne.

Le parement amont est tenu presque vertical ou avec un très léger fruit, qui va s'accentuant vers la base.

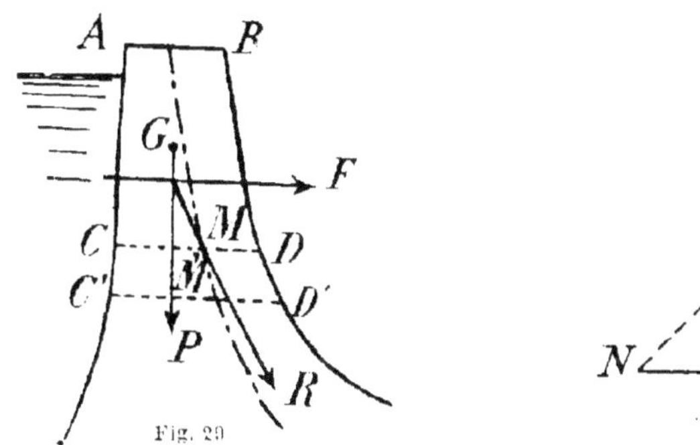

Fig. 29   Fig. 30

Le parement aval a une forme courbe s'écartant au contraire rapidement de la verticale.

Nous allons indiquer très sommairement comment on détermine le profil d'un barrage.

Considérons sur 1 mètre de longueur le tronçon supérieur ABCD (fig. 29). Il est soumis à trois forces :

1º La poussée de l'eau :

2º Son poids ;

3º La réaction du massif inférieur.

Ces trois forces sont faciles à calculer.

Calculons d'abord la pression de l'eau.

Considérons un point m quelconque du parement AC (fig. 30). La pression en ce point est évidemment égale à la hauteur Am multipliée par le poids spécifique de l'eau, c'est-à-dire à $\pi \times$ Am.

Sur un élément situé en ce point, ayant pour hauteur dh et pour longueur l'unité, la pression est donc égale à :

$$\varpi A m\,dh.$$

Menons en m une droite mn perpendiculaire à AC et de longueur Am, la pression sur l'élément dh est proportionnelle à l'aire du rectangle ayant dh comme base et mn comme hauteur. Le lieu des points tels que n est évidemment une droite AN telle que le triangle ACN, rectangle en C, soit isocèle ; la pression totale sur AC, somme des produits tels que $\varpi.\ mn.\ dh$, est égale au produit de la surface du triangle ACN par le poids spécifique ϖ. Cette force est normale à AC et sa direction passe par le centre de gravité du triangle ACN.

Elle est donc complètement connue, nous la représenterons par F (fig. 29 et 30).

Le poids du tronçon ABCD est une force verticale passant par son centre de gravité G et dont la valeur dépend des matériaux employés ; soit P cette force (fig. 29).

Quant à la réaction du massif inférieur, si l'ensemble du barrage est suffisamment résistant, c'est-à-dire est en équilibre, elle est égale, et directement opposée à la résultante R des forces F et P.

Le point M (fig. 29), où cette résistance coupe l'assise CD, est appelé centre de pression.

Si maintenant nous considérons le massif ABC′D′, nous aurons un autre centre de pression M′ sur l'assise C′D′ ; on construira ainsi de proche en proche la *courbe des centres de pression* lieu des points tels que M. Ceci étant, un massif tel que ABCD peut périr de trois façons, savoir :

1° Par renversement, en tournant autour de l'arête D ;

2° Par glissement sur l'assise CD ;

3° Par écrasement.

Pour qu'il n'y ait pas rotation, il suffit évidemment que le centre de pression M soit entre les arêtes C et D.

Il n'y aura pas glissement, si la résultante R fait avec la verticale un angle inférieur à l'angle de frottement des maçonneries sur elles-mêmes.

Enfin, il faut vérifier qu'en aucun point de l'assise CD la pression ne dépasse la charge admissible pour les maçonneries. Nous ne pouvons

pas entrer dans le détail de cette vérification, nous devons dire
cependant que, lorsqu'on en fait l'étude, on trouve que, dans certaines
circonstances. la pression en C peut devenir négative, ce qui produirait
une fissure en ce point (¹). Pour qu'on n'ait pas à craindre pareil accident,
il faut que la résultante R coupe l'assise CD en un point compris dans
le tiers central de cette longueur.

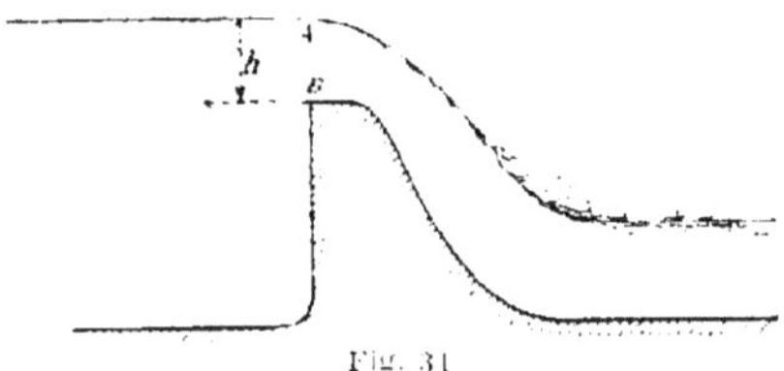

Fig. 31

Ayant à établir un mur de barrage. on tracera donc un profil, puis
on vérifiera que toutes les conditions indiquées ci-dessus sont remplies ;
dans le cas contraire on modifiera le profil en conséquence.

Lorsque le barrage en maçonnerie doit faire l'office de déversoir,
on lui donne généralement la forme de la figure 31, de façon à conduire
la nappe déversante jusqu'au pied du barrage. et éviter autant que
possible les affouillements.

Le calcul de la longueur l de la crête d'un barrage qui doit faire
déversoir et débiter un volume d'eau Q est très simple. La cote du
point A de la lame déversante au-dessus de la crête du barrage est
déterminée, dans chaque cas, par les circonstances de lieux. On peut
avoir à craindre les inondations à l'amont. si les berges ne sont pas
très élevées, ou bien à éviter un remous qui pourrait gêner la marche
d'une usine située à l'amont.

Le remous. lorsqu'on établit un barrage en un point d'un cours
d'eau. se manifeste par un reflux de l'eau vers l'amont. Soit un cours
d'eau à pente uniforme. Si le mouvement est uniforme et la section
constante. la surface de l'eau est un plan parallèle au fond du canal
(fig. 32). Si en un point M on élève un barrage qui fasse monter la
retenue jusqu'en A, la surface de l'eau affecte à l'amont une forme
courbe DA. L'équation de cette courbe est très complexe ; mais

---

(1) Dans les constructions en maçonnerie. on admet toujours que la résistance à la
traction est nulle ; jamais on ne fait travailler les maçonneries à l'extension.

heureusement on peut, dans la pratique, la remplacer par une circonférence tangente en A à l'horizontale AC et tangente aussi à la
droite DB ; on a donc CD = CA. On voit par là que le remous cesse
d'être appréciable au delà d'une distance double de celle qu'attein-
drait horizontalement le niveau de la retenue. C'est bien ce qu'on
vérifie en pratique. Ces considérations (en dehors de toutes celles
que peut faire intervenir l'Administration des Ponts et Chaussées,
qui doit toujours être consultée légalement en pareille matière)

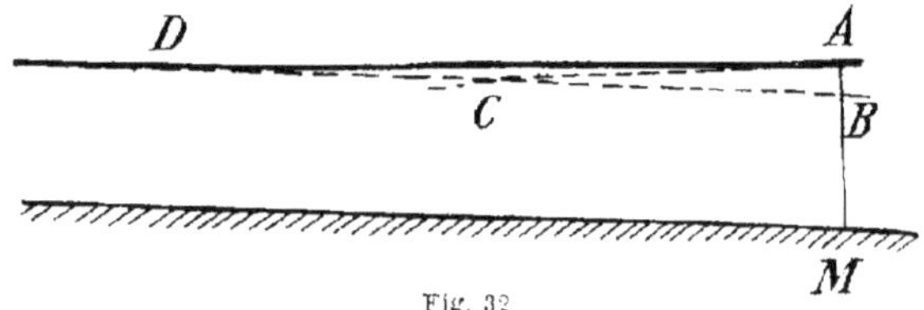

Fig. 32

permettent de fixer la cote de la crête d'un barrage à établir sur un
cours d'eau. Le point A fixe, en effet, la cote du plan d'eau : c'est le
point d'eau. Si le barrage ne doit pas faire déversoir, sa crête est établie
en A ; s'il doit faire déversoir, il faut l'araser à une cote inférieure ;
la distance entre la crête du barrage et le point A doit être égale à
l'épaisseur de la lame déversante. Si la longueur l de la crête du
déversoir est fixée à l'avance par les conditions locales, la hauteur h
(fig. 31) se déduit de l'équation du débit :

$$Q = mlh\sqrt{2gh}$$

où l'on connaît toutes les autres grandeurs.

Dans le cas contraire, cette équation permet de déterminer au
mieux les grandeurs l et h.

Les grands barrages mobiles métalliques sont constitués par des
vannes prenant appui sur un certain nombre de piles : celles-ci sont
construites, soit en maçonneries, soit en charpentes métalliques ;
au-dessus des piles on établit une passerelle portant les treuils de
manœuvre.

Les tabliers ou pelles des vannes sont constitués par une série de
poutres horizontales fixées sur deux montants et supportant des
tôles. Au point de vue de la construction, il y a évidemment intérêt à

faire toutes les poutres semblables, mais alors il faut les répartir de façon qu'elles aient toutes à supporter le même effort.

Soit une vanne ayant à supporter une charge AB (fig. 33). La pression sur le tablier est égale à la surface du triangle ABC multipliée par le poids spécifique de l'eau et par la largeur de la vanne, ou, pour parler plus exactement, par l'ouverture de la vanne.

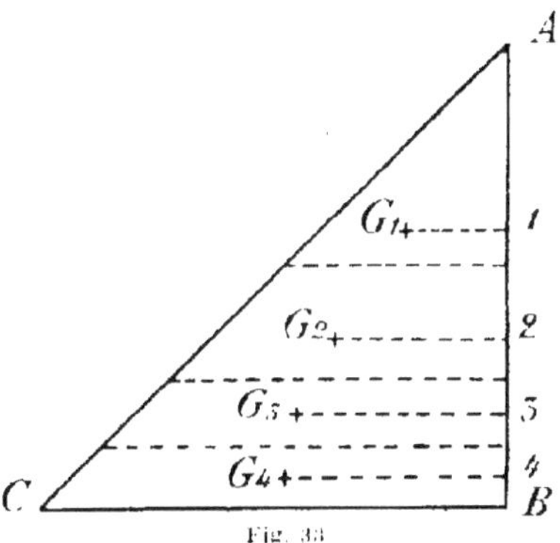

Fig. 33

La surface ABC représente donc cette pression à une certaine échelle. Supposons, pour fixer les idées, que nous voulions mettre quatre poutres ; nous partagerons la surface ABC en quatre parties égales, dont un triangle et trois trapèzes, puis nous chercherons les centres de gravité G_1, G_2, G_3, G_4 de chacune d'elles : les poutres devront être placées aux points 1, 2, 3 et 4 sur les horizontales menées par G_1, G_2, G_3 et G_4.

Indépendamment des poutres, il faut, en haut et en bas de la vanne, faire des bordages pour soutenir les tôles du tablier.

Si l'ouverture de la vanne est considérable, on donne de la rigidité à l'ensemble, en réunissant les poutres horizontales par des fermes verticales. Lorsque la vanne est baissée, le bordage inférieur repose sur un seuil en fer ou en fonte ; à l'amont et à l'aval, on établit un radier en maçonnerie généralement consolidé par un treillis métallique.

Le tablier doit pouvoir monter ou descendre dans les rainures ménagées dans les piles. Supposons que les montants prennent appui sur des glissières métalliques, comme cela se pratique dans les petites vannes courantes, et évaluons l'effort de traction nécessaire pour vaincre le frottement. Soient L l'ouverture de la vanne et h sa hauteur ; la pression sur le tablier est :

$$F = \frac{\pi h^2 L}{2}.$$

si nous avons seulement L = 7 mètres et h = 4 mètres, cela donne :

$$F = 56 \text{ tonnes} ;$$

comme les surfaces de glissement ne peuvent être graissées, il faut prendre un coefficient de frottement assez élevé, soit 0,3. L'effort nécessaire pour vaincre le frottement serait donc de :

$$56 \times 0,3 = 16,8 \text{ tonnes},$$

soit en chiffres ronds 17.000 kilogrammes. Le treuil de manœuvre devrait donc être très puissant.

Pour obvier à cet inconvénient, on interpose entre le montant et la glissière une série de galets (fig. 34) de façon à remplacer le glissement par un roulement. La répartition et la détermination de ces galets donnent lieu à des calculs intéressants, dans le développement desquels nous ne pouvons malheureusement pas entrer.

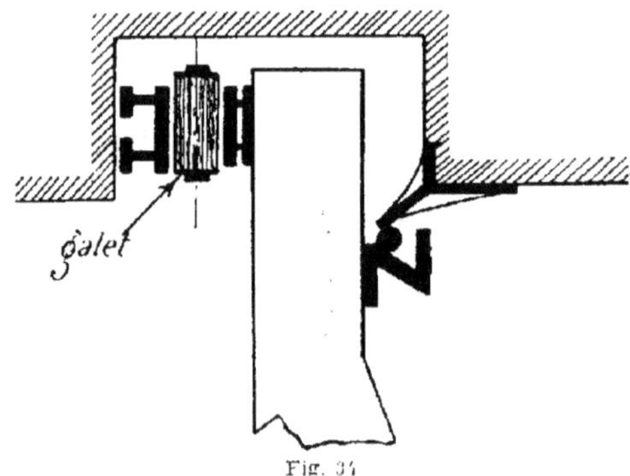

Fig. 34

Leur emploi diminue considérablement les efforts à demander aux treuils de manœuvre, mais, par contre, détruit le joint qui se fait naturellement entre le montant et la glissière. Pour rétablir l'étanchéité, on a recours à un artifice très simple ; sur la pile, on fixe une pièce en fonte, et sur la vanne on en fixe une autre : entre ces deux pièces, obliques l'une par rapport à l'autre, on introduit une barre cylindrique. La pression de l'eau sur cette barre l'applique fortement sur les deux pièces en fonte et le joint se trouve ainsi reconstitué. La barre cylindrique monte ou descend avec le tablier mais son frottement sur la pièce en fonte fixe est très petit puisqu'il ne résulte que de la pression de l'eau sur la barre elle-même. Enfin, pour soulager le treuil, on équilibre le poids du tablier par un ou plusieurs contrepoids constitués par des caisses métalliques chargées de matériaux peu coûteux.

C'est ainsi que sont constitués les grands barrages de l'usine de *Chèvres*, près de Genève, et de l'usine de *Beznau*, près de Zurich.

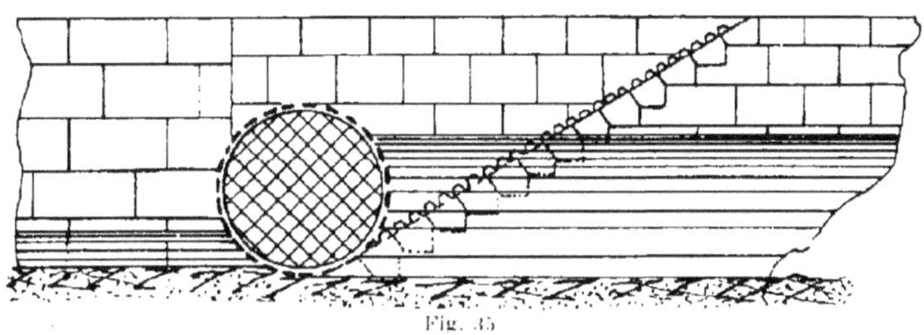

Fig. 35

A l'usine de la *Praz* (près de Modane), le barrage est constitué par une seule vanne ayant 14 mètres d'ouverture et 3^m,50 de hauteur ; à l'usine de la *Saussaz* (près de Saint-Michel), le barrage comprend une seule vanne de 16 mètres d'ouverture et 4^m,50 de hauteur. A *Ugines*, on a établi un barrage formé de deux vannes de 7 mètres d'ouverture et de 4^m,50 de hauteur ; la pile centrale est métallique.

Dans ces dernières années, on a construit, non loin de Bordeaux, à l'usine de *Tuilières*, un grand barrage métallique formé de sept vannes de 10 mètres d'ouverture et de 13 mètres de hauteur, et d'une vanne, toujours de 13 mètres de hauteur, dont l'ouverture est réduite à 7 mètres. Toutes ces vannes sont actionnées électriquement.

On construit aussi, quelquefois, des barrages métalliques tout différents. Le masque est constitué par un cylindre en tôle qui roule sur deux rampes ménagées dans les culées (fig. 35).

Pour assurer un déplacement correct, les extrémités du cylindre sont munies de couronnes dentées qui roulent sur des crémaillères posées sur les rampes. Le mouvement est donné par une chaîne agissant à une seule extrémité, et actionnée par un treuil.

Les vannes de chasse, placées sur le prolongement du barrage, sont traitées suivant leur importance, soit comme des vannes ordinaires, soit comme les grandes vannes dont nous avons parlé plus haut, et nous n'insisterons pas autrement sur leur construction. Leur calcul, au point de vue des dimensions à leur donner, est très simple ; pour le faire on cherche, dans les tables *ad hoc*, le coefficient de débit applicable au dispositif qu'on a en vue.

A l'entrée du canal d'amenée (fig. 28) on place généralement une *grille* en *gros fers* (des rails par exemple) et à orifices très larges ; elle est destinée uniquement à arrêter les gros corps flottants tels que troncs d'arbres déracinés pendant les orages, et chariés par le cours d'eau.

Un peu en arrière se trouvent les *vannes de garde*.

Enfin, entre la grille et celles-ci, on dispose des rainures, permettant de faire un batardeau en poutrelles, en cas de réparations.

§ 3. — CANAL D'AMENÉE

Le canal d'amenée comporte généralement, tout près de la prise d'eau, un déversoir, puis se continue, soit à ciel ouvert, soit en souterrain jusqu'à la chambre de mise en charge.

Sur son parcours, on installe, lorsque les lieux le permettent, une chambre de décantation.

C'est une portion du canal, élargie pour diminuer la vitesse de l'eau, et, par suite, permettre aux graviers et aux sables de se déposer ; des vannes de fond (ou vannes de purge), levées fréquemment, en assurent le nettoyage. Pour déterminer les conditions d'établissement d'un canal, il faut d'abord calculer sa section. Suivant la nature des terrains que l'on traverse, ou le mode de construction que l'on veut employer, nous avons vu qu'il y a une vitesse moyenne maximum d'écoulement qu'il ne faut pas dépasser sous peine de ruiner les parois ; on adoptera donc une vitesse U égale ou inférieure à celle-ci. Si alors Q est le débit que doit assurer le canal, la section utile de la cuvette sera donnée par :

$$\Omega = \frac{Q}{U}.$$

Mais jusqu'ici nous sommes libres de donner à la cuvette telle forme que nous voulons, qui corresponde à la section Ω. Nous allons voir pourtant que certaines formes sont plus rationnelles que d'autres.

En effet, pour assurer le débit Q avec la section Ω et la vitesse U, il faut donner au canal une certaine pente I que l'on calcule d'après les formules de Bazin. D'après ces formules, la pente I est fonction du rayon moyen R. Or, on a avantage, évidemment, à diminuer I autant que possible, car la différence de cotes qui en résulte, depuis l'entrée du canal d'amenée jusqu'à la chambre d'eau, est perdue ; c'est la perte de charge due au canal.

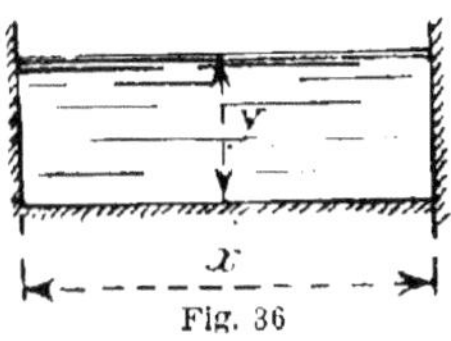

Fig. 36

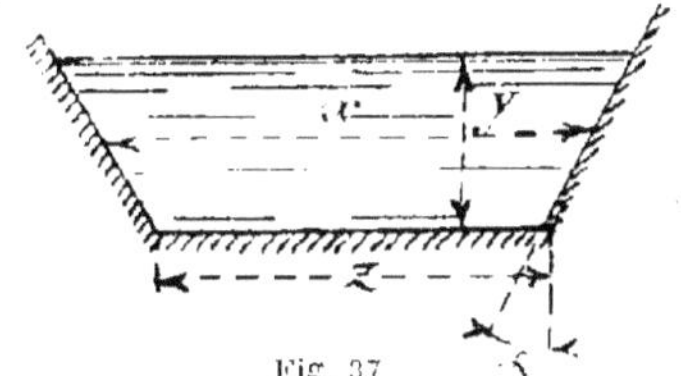

Fig. 37

On est donc conduit à chercher les formes de cuvette qui donnent pour R les valeurs assurant le minimum de I ; il est facile de voir, en se reportant aux formules de Bazin, que le minimum de I correspond au maximum de R.

Nous donnerons seulement le résultat de ces récherches.

1° Cuvette rectangulaire. On a (fig. 36) :

$$\Omega = xy \qquad \chi = x + 2y.$$

Le minimum de I a lieu pour $x = 2y$, c'est-à-dire pour :

$$x = \sqrt{2\Omega} \qquad y = \sqrt{\frac{\Omega}{2}}.$$

On a alors pour le rayon moyen :

$$R_1 = \frac{1}{2}\sqrt{0{,}5\Omega} ;$$

2° Cuvette trapézoïdale. Si on représente par z la moyenne des deux bases, on a (fig. 37) :

$$\Omega = zy \qquad \chi = z + \frac{2y}{\cos \alpha},$$

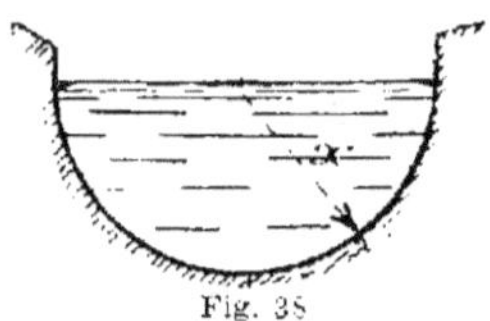

Fig. 38

Le minimum de l a lieu pour :

$$z = 30° \qquad x = \sqrt{\Omega\sqrt{3}} \qquad y = \sqrt{\frac{\Omega}{\sqrt{3}}}.$$

On a alors pour le rayon moyen :

$$R_2 = \frac{1}{2}\sqrt{0,578\,\Omega} \ ;$$

3° Cuvette demi-circulaire. Soit x le rayon de cette section, on a (fig. 38) :

$$\Omega = \frac{1}{2}\pi x^2 \qquad l = \pi x$$

et pour le rayon moyen :

$$R_3 = \frac{1}{2}\sqrt{0,636\,\Omega}.$$

Remarque. — On a évidemment :

$$R_3 > R_2 > R_1.$$

Il s'ensuit que, au point de vue des pertes de charge, la section demi-circulaire vaut mieux que la section trapézoïdale et que celle-ci vaut mieux que la section rectangulaire.

Lorsqu'on aura choisi, suivant les circonstances, entre ces trois formes, on leur donnera les proportions qui viennent d'être indiquées, et qui correspondent dans chaque cas à la perte de charge minimum.

§ 4. — CHAMBRE D'EAU

L'extrémité aval du canal d'amenée est constituée par la chambre d'eau ou de mise en charge (fig. 39). C'est un bassin fermé d'où partent les conduites forcées. Une partie des murs de la chambre d'eau forme déversoir de superficie de façon à assurer une charge constante sur l'entrée des conduites. En avant de celles-ci se trouve une grille G destinée à arrêter les feuilles ou autres corps flottants. Elle est généralement formée d'un certain nombre de panneaux, indépendants les uns des autres, que l'on peut enlever ou mettre en place séparément. Chaque panneau est constitué par des barres de fer plat, réunies par des boulons, et maintenues à un certain écartement les unes des autres par des rondelles en fer.

Au sommet de la grille, et pour permettre son nettoyage, on installe une passerelle de service P. Au pied de la grille, on fait habituel-

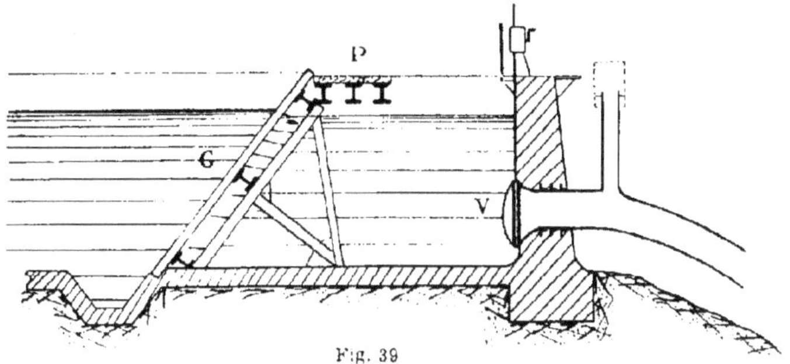

Fig. 39

lement un caniveau, qui aboutit à une vanne de chasse placée sur le côté de la chambre d'eau.

La grille occasionne toujours une perte de charge que l'on peut calculer approximativement par la formule :

$$y = 0,06 \frac{Q^2}{h^2} \left(\frac{1,4}{l_1^2} - \frac{1}{l^2} \right),$$

dans laquelle Q est le débit, h la profondeur du courant, l la largeur de la chambre d'eau avant ou après la grille, et l_1 la somme des écartements des barreaux (largeur libre au droit de la grille) ; les unités sont le mètre et la seconde.

Quelquefois, les choses sont disposées autrement : le canal d'amenée se termine par une chambre de décantation (fig. 40) sur le côté de laquelle se trouve la chambre de mise en charge. Celle-ci est recouverte d'une grille en tôle perforée presque horizontale G ; l'eau passe sur cette tôle, rentre dans la chambre M et de là s'écoule dans les conduites : le surplus s'écoule en déversoir, en franchissant toute la largeur de la chambre M et entraîne les feuilles et les dépôts.

Cette disposition de grille est très commode, mais aussi très coûteuse.

Enfin la chambre d'eau comporte encore une vanne d'arrêt V, à l'ouverture de chaque conduite forcée, et une passerelle de service pour la manœuvre de ces vannes.

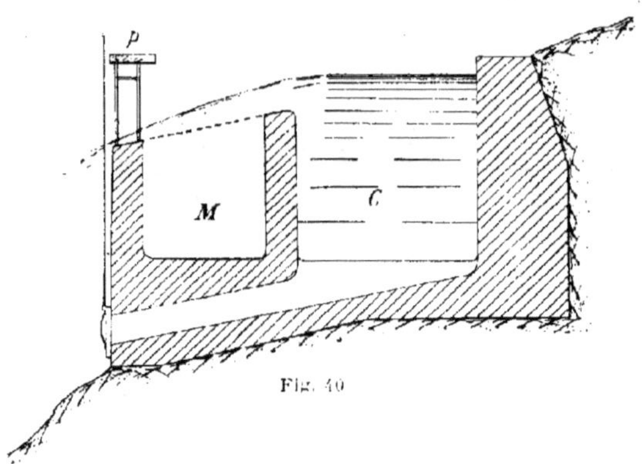

Fig. 40

§ 5. — CONDUITE FORCÉE

Etudions maintenant l'installation des conduites forcées. La charge sur leur ouverture, dans la chambre d'eau, doit être égale au moins à une fois et demie leur diamètre, si l'on veut éviter la formation de tourbillons et les rentrées d'air qui en résulteraient.

A leur sortie de la chambre d'eau, les conduites sont munies d'un reniflard (fig. 39) : c'est un tuyau vertical, ouvert à l'air libre à sa partie supérieure ; celle-ci doit, naturellement, s'élever au-dessus du niveau de l'eau dans la chambre de mise en charge. Si l'on veut, pour une raison quelconque, vider une conduite, on ferme sa vanne de tête, et on laisse couler l'eau par le bas ; le reniflard laisse alors rentrer l'air par la partie supérieure et évite la dépression intérieure qui pourrait provoquer l'écrasement et la ruine de la conduite.

Il est facile de s'assurer, par une application bien simple du théorème de Bernouilli, que, si la vitesse d'écoulement de l'eau dans la conduite devient trop grande, la pression en certains points peut devenir nulle ; dans ce cas (qui peut se présenter à la suite d'un accident tel que l'éclatement d'une vanne dans l'usine, ou autre) le reniflard ne protège nullement la conduite contre le risque d'écrasement, et la seule protection efficace dans ce sens est de calculer la conduite pour qu'elle puisse résister à une pression extérieure égale à la pression atmosphérique, en supposant nulle la pression intérieure : malheureusement ce procédé est coûteux.

L'éclatement d'une conduite est un accident grave, en lui-même, puisqu'il arrête le fonctionnement de l'usine ; il peut être encore plus grave par ses conséquences indirectes dues aux ravages de l'inondation qui s'ensuit. Pour limiter ces ravages, il faut fermer les vannes de tête des conduites, placées à la chambre d'eau, aussi rapidement que possible, ou, d'une façon plus générale, arrêter par un procédé quelconque l'écoulement de l'eau. On a imaginé dans ce but des appareils automatiques : nous nous contenterons de mentionner les vannes automatiques Picard Pictet et les siphons Bouchayer et Viallet.

Le tracé des conduites doit être étudié de façon à diminuer autant que possible le nombre de coudes ; ceux-ci doivent être arrondis et aussi ouverts que le permettent les circonstances de lieux, dans le but de diminuer les pertes de charge qu'ils occasionnent toujours ; les coudes en profils, formant siphon, doivent être munis, à leur partie supérieure, d'un robinet appelé ventouse : on ouvre la ventouse pendant le remplissage de la conduite pour laisser échapper l'air qui, sans cette précaution, se rassemblerait en grosses bulles aux parties les plus hautes des siphons.

Les conduites reposent généralement sur des massifs en maçonnerie, par l'intermédiaire de sellettes en fonte ; dans les fortes pentes, elles sont retenues par des tirants en fer ancrés dans des massifs de maçonnerie ou mieux, si cela est possible, dans le rocher. Souvent, les coudes sont portés par des sellettes laissées libres de se mouvoir sur une plaque de glissement : on pare ainsi aux efforts dus à la dilatation ; mais le coude s'ouvrant ou se fermant avec les variations de température fatigue beaucoup.

C'est pourquoi, souvent aussi, les coudes sont fortement scellés dans de gros massifs maçonnés : on munit alors la conduite de *joints de dilatation* qui sont en quelque sorte de gros presse-étoupe permettant aux deux tronçons de conduite qu'ils rejoignent de se déplacer l'un par rapport à l'autre.

La partie terminale de la conduite, sur laquelle peuvent être branchées une ou plusieurs turbines, porte le nom de *collecteur*.

Quelquefois le collecteur est alimenté par plusieurs conduites.

Les conduites se construisent généralement en tôle d'acier, rivée ou soudée. Si la pression n'est pas trop forte (30 mètres environ), on peut employer le ciment armé.

Le calcul d'une conduite, au point de vue de l'écoulement de l'eau, est très simple, et se fait au moyen des formules de Prony, Darcy ou Lévy, que nous avons indiquées plus haut ; ces formules permettent en effet de déterminer le diamètre si l'on se donne d'avance la perte de charge.

La détermination de l'épaisseur à donner au métal ne présente aucune difficulté. On trouve les formules nécessaires à ce calcul dans tous les aide-mémoire.

§ 6. — USINE

L'organisation de l'usine dépend des lieux et du genre des turbines qu'elle renferme : le lecteur s'en fera facilement une idée générale lorsqu'il aura étudié les chapitres relatifs aux turbines et à leurs accessoires.

§ 7. — CANAL DE FUITE

Quant au canal de fuite, on détermine ses dimensions, ses formes et sa pente, comme nous l'avons vu pour le canal d'amenée.

§ 8. — BASSES CHUTES

Dans le cas des basses chutes, on peut, si les lieux s'y prêtent, supprimer la conduite forcée. La turbine est, dans ce cas, installée dans la chambre de mise en charge qu'elle met directement en communication avec le canal de fuite.

§ 9.— CHUTE BRUTE ET CHUTE NETTE

Soient A la cote du niveau de l'eau à la prise d'eau, et B la cote du niveau de l'eau à l'extrémité du canal de fuite, l'usine étant à l'arrêt ; la différence :

$$H = A - B$$

est appelée *chute brute*.

Mais lorsque l'usine est en marche, et qu'il s'écoule le débit Q pour lequel l'installation a été faite, il se produit diverses pertes de charge, savoir :

1º Perte de charge dans le canal d'amenée et la chambre de mise en charge, soit J_1 ;

2º Perte de charge dans la conduite, soit J_2 :

3º Perte de charge dans le canal de fuite, soit J_3.

La différence :

$$H - (J_1 + J_2 + J_3) = H_1$$

est appelée *chute nette*.

Si l'on évalue Q en litres et H et H_1 en mètres, les produits (QH) et (QH$_1$) représentent respectivement la puissance brute et la puissance nette de la chute en kilogrammètres, les mêmes puissances évaluées en chevaux-vapeur sont :

Puissance brute $\qquad N = \dfrac{QH}{75}$;

Puissance nette $\qquad N_1 = \dfrac{QH_1}{75}$.

La chute ne peut donc céder aux moteurs qu'une puissance N_1 : ce serait la puissance disponible sur leur arbre, s'ils avaient un rendement de 100 %. Nous allons voir, en faisant l'étude des turbines hydrauliques, quelles valeurs il convient d'attribuer à ce rendement.

CHAPITRE III

Aperçu théorique sur les turbines hydrauliques

§ I. — GÉNÉRALITÉS

Une turbine se compose essentiellement de deux parties : une *roue mobile*, portant des aubes, et un *distributeur* cloisonné par des directrices dont la fonction est de conduire l'eau sur les aubes de la roue mobile sous un angle déterminé.

La roue mobile est calée sur l'arbre moteur, qui peut être aussi

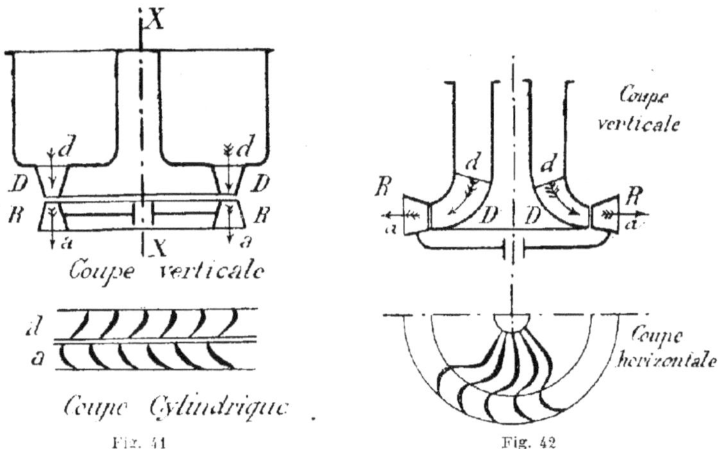

bien horizontal que vertical ; pour fixer les idées, nous supposerons cet arbre vertical.

Suivant les positions relatives de la roue et du distributeur, on peut avoir, soit une *turbine parallèle*, soit une *turbine centrifuge*, soit une *turbine centripète*.

Dans une *turbine parallèle* (fig. 41), le distributeur est situé au-dessus de la roue. Les molécules d'eau traversent le distributeur et la roue mobile en se déplaçant sensiblement sur une surface de révolution, ayant pour axe l'axe de rotation.

La figure 41 donne le développement de la coupe du distributeur D et de la roue R par un cylindre, et montre la disposition des directrices *d* et des aubes *a*.

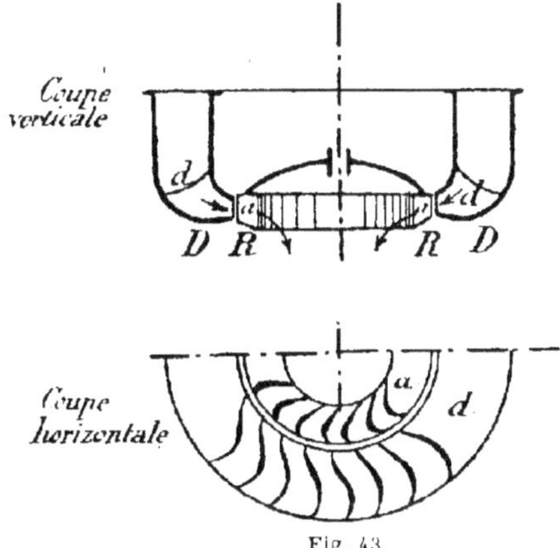

Fig. 43

Si le distributeur est placé à l'intérieur de la roue, comme dans la figure 42, on a une *turbine centrifuge*.

L'eau se déplace dans un plan normal à l'axe de rotation, en s'éloignant de l'axe.

La coupe de la figure 42, faite par un plan normal à l'axe, fait voir comment sont disposées les directrices et les aubes.

Enfin, si c'est l'inverse qui a lieu, si le distributeur enveloppe la roue mobile, on a une *turbine centripète*. L'eau se déplace encore dans un plan normal à l'axe de rotation, mais en se rapprochant de cet axe (fig. 43).

La *turbine parallèle* est souvent appelée *turbine axiale* ou *turbine hélicoïdale*, les turbines centrifuges et centripètes sont dites *turbines radiales*.

Enfin, certaines turbines, participant du type axial et du type radial, sont dites *turbines mixtes, hélico-centrifuges* ou *hélico-centri-*

pètes. Le fonctionnement d'une turbine, quel que soit son type, se comprend sans peine. L'eau, guidée par les directrices du distributeur, sort de celui-ci avec une vitesse assez considérable. Les filets liquides rencontrant les aubes de la roue mobile sont déviés et conduits dans le bief d'aval ; mais dans ce trajet, ils réagissent sur les aubes, et impriment à la roue un mouvement de rotation rapide. L'eau cède ainsi la majeure partie de son énergie à la roue mobile.

Il faut éviter les mouvements tumultueux de l'eau, qui occasionnent toujours une dissipation d'énergie.

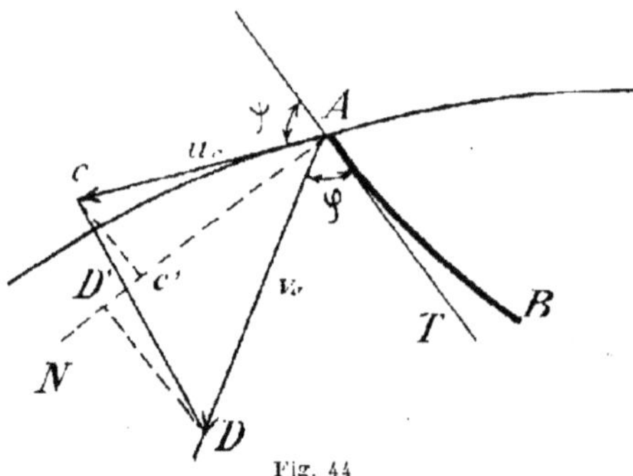

Fig. 44

En particulier, il faut éviter le choc de l'eau sur les aubes, à son entrée dans la roue mobile : ce choc occasionnerait des rejaillissements et des remous très préjudiciables.

Cherchons donc les conditions à remplir pour que l'eau glisse sur les aubes sans les frapper.

Soit AB une aube (fig. 44) ; considérons une molécule d'eau sortant du distributeur et arrivant en A avec une vitesse $v_0 = $ AD. Le point A, entraîné par la roue, possède une vitesse $u_0 = $ AC. Menons la normale AN à l'aube au point A et projetons AC et CD sur AN. Le choc sera évité si ces projections sont égales.

Appelons φ et ψ les angles v_0 et u_0 avec l'aube AB.

La condition à remplir est :

$$v_0 \sin \varphi = u_0 \sin \psi.$$

Si elle est satisfaite, la droite CD qui joint les extrémités de u_0 et v_0

est parallèle à la tangente AT à l'aube au point A. Or CD représente la vitesse relative w_0 d'entrée de l'eau dans la roue. Donc, pour éviter le choc à l'entrée, il faut que le premier élément de l'aube soit tangent à la vitesse relative d'entrée w_0.

§ 2. — THÉORIE DES TURBINES

Notations. — Soit une turbine que, pour plus de généralité, nous supposons mixte, hélico-centripète, composée d'un distributeur D et d'une roue mobile R calée sur un arbre XX (fig. 45).

Nous adopterons les notations suivantes :

p_a pression atmosphérique qui s'exerce en un point A du niveau amont comme en un point B du niveau aval ;

p_0 pression en un point O, entre le distributeur et la roue ;

p_1 pression en un point 1, à la sortie de la roue ;

V et V_1 vitesses aux points A et B, que nous supposons très petites ;

u_0, v_0 et w_0 vitesses tangentielle, absolue et relative, au point O ;

u_1, v_1 et w_1 mêmes vitesses au point 1 ;

α angle de u_0 et v_0 ;

β angle de u_0 et w_0 ;

γ angle de u_1 et v_1 ;

r_0 et r_1 longueurs des rayons aboutissant aux points 0 et 1 ;

$\sigma = \dfrac{r_1}{r_0}$ rapport de ces rayons ;

h_0, h_1 et h_2 distances verticales entre A et O, entre 0 et 1, et entre 1 et B, ces grandeurs comportent un signe $+$ ou $-$.

Équations données par le théorème de Bernouilli. — Prenons comme plan de comparaison le plan horizontal passant par le point O et appliquons le théorème de Bernouilli, entre les points A et O. Nous aurons :

$$h_0 + \frac{V^2}{2g} + \frac{p_a}{\varpi} = \frac{V_0^2}{2g} + \frac{p_0}{\varpi} + \zeta_0 \qquad (4)$$

ζ_0 représentant la perte de charge entre les points considérés.

Prenons maintenant comme plan de comparaison le plan horizontal passant par le point 1 et appliquons le théorème de Bernouilli entre

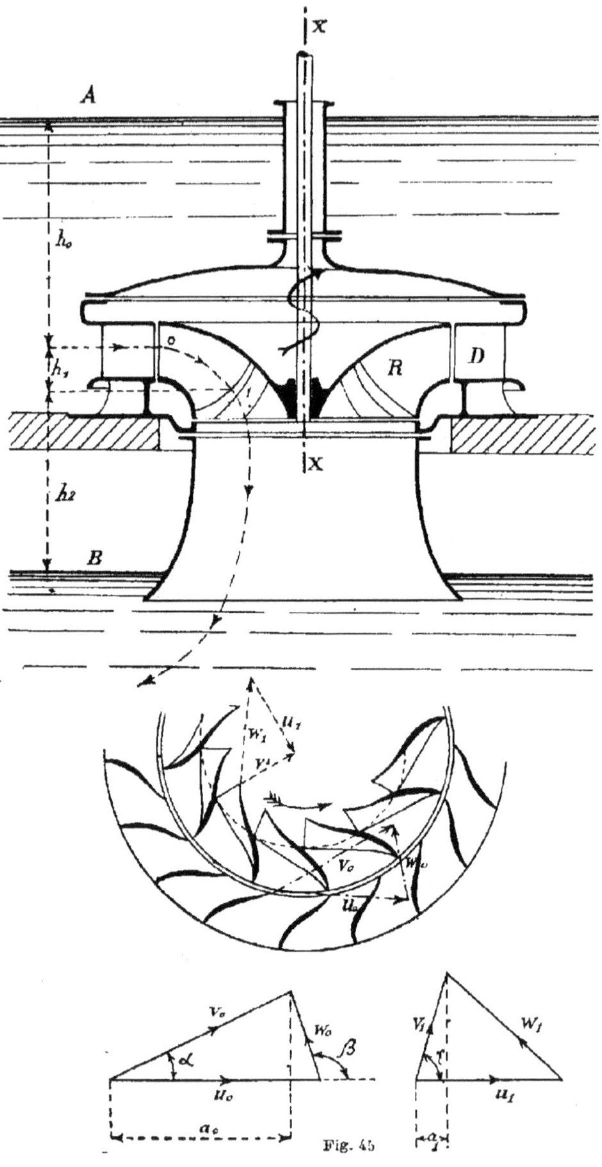

Fig. 45

les points 0 et 1. Comme il s'agit ici du mouvement relatif de l'eau dans la roue mobile, nous aurons :

$$h_1 + \frac{w_0{}^2 - u_0{}^2}{2g} + \frac{p_0}{\varpi} = \frac{w_1{}^2 - u_1{}^2}{2g} + \frac{p_1}{\varpi} + \zeta_1,\tag{5}$$

ζ_1 représentant la perte de charge dans la roue mobile.

Prenons enfin comme plan de comparaison le plan horizontal passant par le point B et appliquons le théorème de Bernouilli entre les points 1 et B. Nous aurons :

$$h_2 + \frac{V_1{}^2}{2g} + \frac{p_1}{\varpi} = \frac{V_1{}^2}{2g} + \frac{p_a}{\varpi} + \zeta_2,\tag{6}$$

ζ_2 représentant la perte de charge depuis la sortie de la roue jusqu'au niveau aval.

Rendements hydrauliques divers. — Additionnant les équations (4), (5) et (6), nous obtenons :

$$\left(h_0 + h_1 + h_2 + \frac{V^2}{2g}\right) - \left(\zeta_0 + \zeta_1 + \zeta_2 + \frac{V_1{}^2}{2g}\right)$$
$$= \frac{1}{2g}\left[(v_0{}^2 - w_0{}^2 + u_0{}^2) - (v_1{}^2 - w_1{}^2 + u_1{}^2)\right].\tag{7}$$

Le premier terme entre parenthèses dans le premier membre représente la chute totale, y compris la hauteur due à la vitesse de l'eau dans le bief d'amont.

Posons :

$$h_0 + h_1 + h_2 + \frac{V^2}{2g} = H_t.$$

Le second terme entre parenthèses dans le premier membre représente la somme des pertes de charge, y compris la hauteur due à la vitesse dans le bief d'aval. Posons encore :

$$\zeta_0 + \zeta_1 + \zeta_2 + \frac{V_1{}^2}{2g} = \zeta$$

et :

$$H_t - \zeta = \rho_1 H_t.$$

Avec ces notations, l'équation (7) s'écrit :

$$2\rho_1 gH_t = (v_0{}^2 - w_0{}^2 + u_0{}^2) - (v_1{}^2 - w_1{}^2 + u_1{}^2).\tag{8}$$

Les grandeurs u_0, v_0, w_0, d'une part et u_1, v_1, w_1 d'autre part, constituent les triangles ou diagrammes des vitesses respectivement à l'entrée dans la roue et à la sortie de la roue ; elles sont liées par les relations géométriques :

$$w_0{}^2 = u_0{}^2 + v_0{}^2 - 2u_0\, v_0 \cos \alpha.$$
$$w_1{}^2 = u_1{}^2 + v_1{}^2 - 2u_1\, v_1 \cos \gamma.$$

Si l'on désigne par a_0 et a_1 les projections de v_0 sur u_0 et de v_1 sur u_1, ces relations deviennent :

$$w_0{}^2 = u_0{}^2 + v_0{}^2 - 2u_0 a_0.$$
$$w_1{}^2 = u_1{}^2 + v_1{}^2 - 2u_1 a_1.$$

d'où :

$$v_0{}^2 - w_0{}^2 + u_0{}^2 = 2u_0 a_0.$$
$$v_1{}^2 - w_1{}^2 + u_1{}^2 = 2u_1 a_1. \tag{9}$$

En portant ces valeurs (9) dans (8), il vient :

$$\rho_1 = \frac{u_0 a_0 - u_1 a_1}{gH_t}. \tag{10}$$

Cette équation est extrêmement importante dans la théorie des turbines, car la quantité ρ_1 représente la fraction de la chute totale utilisée par l'installation : c'est donc le rendement hydraulique de l'installation, et l'équation (10) nous permet de le calculer.

D'après nos notations :

ζ_0 représente la somme des pertes de charge depuis le niveau amont jusqu'à la sortie du distributeur ;

ζ_1 représente la somme des pertes de charge dans la roue mobile ;

ζ_2 représente la somme des pertes de charge depuis la sortie de la roue mobile jusqu'au niveau aval ;

$\dfrac{V_1{}^2}{2g}$ représente la hauteur due à la vitesse perdue dans le canal de fuite.

Il importe maintenant de décomposer ζ_0 en deux parties [1], savoir :

ζ'_0 somme des pertes de charge depuis le niveau amont jusqu'à l'entrée dans le distributeur ;

ζ''_0 somme des pertes de charge depuis l'entrée dans le distributeur jusqu'à la sortie de cet appareil.

---

[1] Il faudrait, en toute rigueur, faire de même pour ζ_2 ; mais, si l'on suppose, comme cela arrive généralement, un canal de fuite de très faible longueur, la perte de charge qu'il occasionne est pratiquement négligeable et la décomposition de ζ_2 devient inutile : c'est ce que nous avons implicitement admis.

Dans ces conditions, si l'on pose :

$$\rho_1 = \frac{u_0 a_0 - u_1 a_1}{g H_t}$$

$$\rho_2 = \frac{u_0 a_0 - u_1 a_1}{g\left(H_t - \zeta'_0 - \dfrac{V_1^2}{2g}\right)}$$

$$\rho_3 = \frac{u_0 a_0 - u_1 a_1}{g\left(H_t - \zeta'_0 - \zeta''_0 - \zeta_2 - \dfrac{V_1^2}{2g}\right)} \tag{11}$$

on voit immédiatement que :

ρ_1 est le rendement hydraulique de toute l'installation ;

ρ_2 est le rendement hydraulique de la turbine proprement dite ;

ρ_3 est le rendement hydraulique de la roue mobile seule.

La plupart du temps, sauf pour les très basses chutes, on peut négliger les valeurs de $\dfrac{V^2}{2g}$ et $\dfrac{V_1^2}{2g}$, toujours très petites, et dépendant d'ailleurs uniquement de l'organisation des biefs d'amont et d'aval. Si l'on fait ainsi et si l'on pose :

$$\text{Chute brute} = H_b = h_0 + h_1 + h_2,$$

les équations (11) deviennent :

$$\rho_1 = \frac{u_0 a_0 - u_1 a_1}{g H_b}$$

$$\rho_2 = \frac{u_0 a_0 - u_1 a_1}{g(H_b - \zeta'_0)}$$

$$\rho_3 = \frac{u_1 a_0 - u_1 a_1}{g(H_b - \zeta'_0 - \zeta''_0 - \zeta_2)} \tag{12}$$

C'est sous cette forme qu'on les utilise en pratique.

Remarquons de suite que la perte ζ'_0 n'est pas imputable à la turbine elle-même, mais dépend uniquement des dispositions adoptées dans l'organisation des ouvrages de la prise d'eau, du canal d'amenée, et, éventuellement, de la conduite forcée, si la turbine est placée dans une bâche. La différence $(H_b - \zeta'_0)$ représente donc la chute nette que doit utiliser la turbine ; nous poserons alors :

$$\text{Chute nette} = H_n = H_b - \zeta'_0,$$

et nous écrirons les deux dernières équations (12) sous la forme :

$$\rho_2 = \frac{u_0 a_0 - u_1 a_1}{g H_n}$$

$$\rho_3 = \frac{u_0 a_0 - u_1 a_1}{g \left(H_n - \zeta_{w_0} - \zeta_{w_2} \right)}$$

(12')

Les efforts du constructeur de turbines doivent tendre à obtenir pour ρ_2 la plus grande valeur possible compatible avec les nécessités de la construction. Mais, pour utiliser la première des équations (12') qui doit le guider dans ses recherches, il doit, dans chaque cas, déterminer les triangles ou diagrammes des vitesses à l'entrée dans la roue mobile et à la sortie de cet organe. Voici la marche à suivre dans ce but :

On se donne *à priori* les trois vitesses u_0, v_0, w_0, qui composent le diagramme des vitesses à l'entrée ; on se fixe le rapport $\sigma = \dfrac{r_1}{r_0}$ des rayons aux points d'entrée et de sortie, et l'on en déduit la vitesse :

$$u_1 = u_0 \frac{r_1}{r_0} = \sigma u_0$$

puis on fait choix d'une vitesse v_1 dont nous ferons plus tard connaître les valeurs limites. Pour compléter le diagramme des vitesses à la sortie, il nous manque encore w_1 que l'on calcule de la manière suivante :

Calcul de w_1. — L'équation (5) peut s'écrire :

$$w_1^2 = w_0^2 - 2g\zeta_{w_1} - (1 - \sigma^2)\, u_0^2 + 2g \frac{p_0 - p_1}{\varpi} + 2gh_1 ; \qquad (13)$$

d'autre part (4) et (6) donnent :

$$\frac{p_0}{\varpi} = \frac{p_a}{\varpi} + h_0 + \frac{V^2}{2g} - \frac{v_0^2}{2g} - \zeta_{w_0}$$

$$\frac{p_1}{\varpi} = \frac{p_a}{\varpi} - h_2 + \frac{V_1^2}{2g} - \frac{v_1^2}{2g} + \zeta_{w_2}$$

d'où l'on déduit :

$$\frac{p_0 - p_1}{\varpi} = h_0 + h_2 - \frac{v_0^2}{2g} - \zeta_{w_0} + \frac{v_1^2}{2g} - \zeta_{w_2} + \frac{V^2}{2g} - \frac{V_1^2}{2g} \qquad (14)$$

Négligeons les termes très petits $\dfrac{V^2}{2g}$ et $\dfrac{V_1^2}{2g}$ (dont on pourrait tenir compte dans le cas de très basses chutes), décomposons, comme nous l'avons déjà fait, le terme ζ_0 en ζ'_0 et ζ''_0 et portons la valeur (14) de $\dfrac{p_0 - p_1}{\varpi}$ dans l'équation (13) ; elle devient :

$$w_1^2 = w_0^2 - 2g\zeta_1 - (1 - \sigma^2)\,u_0^2 + 2gH_n - v_0^2 - 2g\zeta_0'' + v_1^2 - 2g\zeta_2, \quad (15)$$

Dans cette équation ζ_1, ζ''_0 et ζ_2 représentent, comme nous le savons, les pertes de charge respectivement dans les canaux de la roue mobile, dans les canaux du distributeur et dans le tuyau d'aspiration. Or, on sait que la perte de charge dans un tuyau cylindrique croît à peu près comme le carré de la vitesse d'écoulement ; en admettant une loi approximative analogue pour les canaux de la turbine, nous écrirons :

$$2g\zeta_1 = m^2 w_0^2$$
$$2g\zeta_0'' = n^2 v_0^2$$

m et n étant des constantes numériques.

Il faut porter un peu plus d'attention sur ζ_2. Si le tuyau d'aspiration est cylindrique, l'eau en sort avec la même vitesse v_1 qu'elle possède à la sortie de la roue mobile ; comme dans le canal de fuite la vitesse est V_1, l'eau passe brusquement de la première à la seconde de ces vitesses ; il en serait d'ailleurs de même si, le tuyau d'aspiration n'existant pas, l'eau passait directement de la roue mobile dans le canal de fuite.

D'après le théorème de Bélanger, il en résulte une perte de charge égale à :
$$\frac{(v_1 - V_1)^2}{2g}$$

ou, puisque d'une façon générale nous considérons V_1 comme négligeable, une perte de charge égale à :
$$\frac{v_1^2}{2g}.$$

En outre, le frottement de l'eau contre la paroi du tuyau d'aspiration donne lieu, lui aussi, à une perte de charge qui doit être ajoutée à la précédente ; mais ces tuyaux étant toujours très courts, cette perte est elle-même très petite ; et d'ailleurs, en n'en tenant pas compte, nous compenserons en quelque sorte le terme en V_1 que nous avons négligé. Par suite, dans le cas d'une turbine dépourvue de tuyau d'aspiration ou munie d'un tuyau cylindrique, nous pouvons poser avec une exactitude suffisante :

$$2g\zeta_2 = v_1^2.$$

En réalité, on s'efforce, en évasant les tuyaux d'aspiration et en les terminant par un pavillon, de faire passer progressivement la vitesse de la valeur v_1 à la valeur V_1 ; il en résulte une diminution de la perte de charge et nous pouvons écrire :

$$2g\zeta_2 = l^2 v_1^2,$$

l étant un coefficient numérique.

En tenant compte de ces notations, l'équation (15) s'écrit :

$$w_1^2 - (1 - m^2)\, w_0^2 - (1 - \sigma^2)\, u_0^2 - (1 - n^2)\, v_0^2 + (1 - l^2)\, v_1^2 + 2gH_n. \qquad (16)$$

Pratiquement on peut poser :

$$m^2 = 0{,}25 \text{ environ}$$
$$n^2 = 0{,}06 \text{ environ.}$$

Quant à l, si l'on veut être prudent, il ne faut pas trop compter sur le gain que peut donner le tuyau d'aspiration évasé, et si l'on n'a pas étudié cet organe d'une façon tout à fait spéciale (ce qui est le cas général par raison d'économie de construction), il convient de prendre :

$$l^2 = 0{,}7 \text{ environ.}$$

En tenant compte de ces valeurs, l'équation (16) devient :

$$w_1^2 = (0{,}87\, w_0)^2 - (1 - \sigma^2)\, u_0^2 - (1{,}03\, v_0)^2 + (0{,}55\, v_1)^2 + 2gH_n \qquad (17)$$

Cette équation est valable dans le cas d'un tuyau d'aspiration convenablement évasé ; mais, si ce tuyau est cylindrique ou s'il n'existe pas, il convient de prendre $l = 1$ et de calculer w_1 par l'équation suivante :

$$w_1^2 = (0{,}87\, w_0)^2 - (1 - \sigma^2)\, u_0^2 - (1{,}03\, v_0)^2 + 2gH_n. \qquad (17')$$

Nous devons ici faire une remarque. Nous verrons que certaines turbines tournent dans l'air ; la théorie précédente leur est entièrement applicable si l'on retient dans ce cas ;

1º que les pressions p_0 et p_1 deviennent égales à la pression atmosphérique p_a ;

2º que l'équation (6) se réduit à :

$$\frac{v_1^2}{2g} = \zeta_2,$$

qui signifie que l'énergie possédée par l'eau à sa sortie de la roue est entièrement perdue ;

3º qu'enfin la chute nette n'est plus que la différence $(H_n - h_2)$.

Nous n'adopterons pas de nouvelle notation pour représenter cette chute nette réduite, estimant qu'il suffit d'avoir signalé cette évidence.

Dans ces conditions, toutes nos équations, y compris l'équation (17′) ci-dessus, sont applicables aux turbines tournant dans l'air.

Mais il ne faut pas perdre de vue que, si dans le calcul du rendement réel de ces turbines, c'est bien la chute nette réduite qui doit intervenir, au contraire, dans le calcul du rendement industriel de l'installation, c'est la chute nette totale qui doit être prise en considération : pour augmenter ce rendement, on s'efforcera donc de réduire autant que possible la valeur de h_2, et, pour cela, on placera la turbine aussi près que possible du niveau aval.

Nous avons maintenant tous les éléments nécessaires pour construire les diagrammes des vitesses à l'entrée et à la sortie de la roue mobile ; ces diagrammes nous feront connaître les valeurs des quantités a_0 et a_1 qui correspondent au choix que nous avons fait de u_0, v_0, w_0, v_1, et σ, et la première des équations (12′) nous permettra de calculer le rendement de la turbine construite en partant de ces données. En les faisant varier systématiquement nous pourrons donc trouver quelles sont celles qui correspondent au meilleur rendement possible, tout en permettant une construction logique et rationnelle.

Ces recherches étant assez longues, il convient de les faire, une fois pour toutes, et, pour cela, d'opérer sur des quantités indépendantes de la chute nette H_n.

Emploi des coefficients de vitesse. — Posons :

$$
\begin{aligned}
v_0 &= k_0 \sqrt{2gH_n} & v_1 &= k_1 \sqrt{2gH_n} \\
u_0 &= \xi_0 \sqrt{2gH_n} & u_1 &= \xi_1 \sqrt{2gH_n} \\
w_0 &= \lambda_0 \sqrt{2gH_n} & v_1 &= \lambda_1 \sqrt{2gH_n}
\end{aligned}
\qquad (A)
$$

Nous désignerons comme suit les nouveaux coefficients ainsi introduits :

k_0 et k_1 coefficients de vitesse absolue, à l'entrée et à la sortie de la roue mobile ;

ξ_0 et ξ_1 coefficients de vitesse tangentielle, à l'entrée et à la sortie de la roue mobile ;

λ_0 et λ_1 coefficients de vitesse relative à l'entrée et à la sortie de la roue mobile.

Si nous construisons un triangle avec les grandeurs k_0, ξ_0 et λ_0, il sera semblable au triangle construit avec les grandeurs v_0, u_0 et w_0 ; la projection μ_0 de k_0 sur ξ_0 sera homologue à la projection a_0 de v_0 sur u_0, et nous aurons :

$$a_0 = \mu_0 \sqrt{2gH_n}. \tag{B}$$

En appelant μ_1 la projection de k_1 sur ξ_1 dans le triangle construit avec les grandeurs k_1, ξ_1 et λ_1, nous aurons de même :

$$a_1 = \mu_1 \sqrt{2gH_n}. \tag{C}$$

Si nous tenons compte des relations (A), (B) et (C), les équations (16), (17), (17′) et 1re (12′) deviennent :

$$\lambda_1^2 = (1 - m^2)\lambda_0^2 - (1 - \sigma^2)\xi_0^2 - (1 - n^2)k_0^2 + (1 - l^2) k_1^2 + 1 \tag{18}$$

$$\lambda_1^2 = (0{,}87\lambda_0)^2 - (1 - \sigma^2) \xi_0^2 - (1{,}03k_0)^2 + (0{,}55k_1)^2 + 1 \tag{19}$$

$$\lambda_1^2 = (0{,}87\lambda_0)^2 - (1 - \sigma^2) \xi_0^2 - (1{,}03k_0)^2 + 1 \tag{19′}$$

$$\rho_u = 2 (\xi_0\mu_0 - \xi_1\mu_1). \tag{20}$$

Ces équations (18), (19), (19′) et (20) permettent, tout comme les équations (16), (17), (17′) et 1° (12′), de rechercher les conditions de meilleur établissement des turbines mais, comme elles sont indépendantes de la chute Hn, les conclusions qui résultent de cette recherche sont valables quelle que soit la valeur de Hn.

D'autre part, comme les divers coefficients de vitesse sont généralement compris entre 0,2 et 1, nous pourrons faire très commodément, et avec une précision largement suffisante, les tracés des diagrammes en prenant une échelle dont l'unité soit 100 millimètres.

Il ne faut pas perdre de vue que nous avons supposé, dans tout ce qui précède, l'invariabilité des facteurs l, m et n, auxquels nous avons attribué des valeurs constantes ; ceci n'est pas rigoureusement exact, car les pertes relatives décroissent à mesure que les dimensions des turbines augmentent ; mais on peut, sans danger, négliger l'erreur qui en résulte et retenir simplement que s'il est vrai que pour de très petites turbines la valeur réelle de ρ_2 est inférieure de 1 à 2 %, et, pour de très grosses turbines, supérieure de 2 à 3 % aux valeurs calculées par nos équations, les conditions cinématiques et géométriques correspondant au maximum de ρ_2 compatible avec les exigences de la construction ne sont pas sensiblement modifiées par les variations que peuvent pratiquement subir les facteurs l, m et n.

Pertes dans les turbines. — 1° Perte à la sortie de la roue. C'est la plus importante : nous avons en effet remarqué que, dans le cas d'une turbine dépourvue de tuyau d'aspiration, ou munie d'un tuyau d'aspiration cylindrique, le coefficient l^2 est égal à l'unité, et que, dans le cas d'une turbine munie d'un tuyau d'aspiration convenablement établi, la valeur de ce coefficient reste néanmoins élevée. Il convient donc, dans tous les cas, de tenir le coefficient de vitesse k_1 aussi petit que possible : on lui donne généralement des valeurs comprises entre 0,14 et 0,25, correspondant à des pertes maxima, pour $l^2 = 1$, comprises entre 2 % et 6 % ; ces limites n'ont d'ailleurs rien d'absolu.

Nous avons déjà indiqué, que lorsqu'on munit une turbine d'un tuyau d'aspiration, il faut faire celui-ci conique et le terminer à sa partie inférieure par un pavillon largement évasé, de façon à faire passer progressivement la vitesse d'écoulement de la valeur v_1 qu'elle possède à la sortie de la roue à la valeur V_1 qu'elle doit avoir dans le canal de fuite. La conicité du corps du tuyau ne doit cependant pas être trop grande : si le demi-angle au sommet du cône dépasse 7 degrés environ, la veine d'eau se détache des parois et il se produit, entre celles-ci et la veine liquide, des tourbillons violents qui donnent lieu à un écoulement irrégulier et à une très forte perte de charge ; ce phénomène ne se produit pas dans le pavillon évasé plongeant dans le bief d'aval parce que, dans cette région, les pressions sont plus élevées que dans les parties hautes du tuyau d'aspiration.

Il faut encore veiller, pour éviter un écoulement tumultueux, à ce que la pression p_1 au sommet du tuyau d'aspiration soit toujours positive et corresponde au moins à 2 mètres d'eau : ceci résulte des expériences de Venturi sur les ajutages divergents.

2º Pertes dans la roue mobile. Nous avons assimilé l'écoulement de l'eau dans les canaux de la roue mobile à l'écoulement dans un tuyau et nous avons donné la valeur du coefficient de perte m^2 que l'on peut admettre pratiquement ; mais, pour que cette valeur soit réellement admissible, il faut prendre certaines précautions.

Tout d'abord, les courbures des surfaces d'aubes doivent être aussi douces que possible, car la perte qui se produit dans un tuyau coudé est d'autant plus grande que le rayon de courbure du coude est plus petit ; les fortes courbures occasionnent, en outre, des tourbillons extrêmement nuisibles à la conservation des aubes, et qu'il faut absolument éviter. On ne craindra donc pas d'allonger au besoin les aubes (sans exagération cependant) pour obtenir de grands rayons de courbure, la perte résultant alors de l'allongement des canaux étant très minime comparativement à celle qu'occasionnerait une courbure exagérée.

Les couronnes portant les aubes, et complétant avec celles-ci les canaux de la roue mobile, doivent, pour la même raison, présenter des profils à grands rayons, et établir progressivement la continuité depuis le distributeur jusqu'au tuyau d'aspiration.

En second lieu, nous devons attirer l'attention sur ce fait que la perte dans la roue mobile ne provient pas uniquement du frottement de l'eau contre les parois des canaux ; il se produit en effet, toujours, un choc de l'eau sur le bord d'entrée des aubes, par suite de l'épaisseur qu'on est obligé de leur donner pour les réaliser matériellement. Cherchons dans quelles conditions ce choc occasionne la perte minimum.

Soient (fig. 46) MX la direction de la vitesse relative en un point M du bord d'entrée d'une aube, bord que nous supposons normal au plan de la figure, et MY la direction de la vitesse tangentielle en ce même point. On ne peut pas construire une aube dont l'intrados et l'extrados admettraient des tangentes parallèles à MX, comme en (1), car le choc direct de l'eau sur la tranche *mn*, correspondant à l'épaisseur de l'aube, produirait de violents remous très nuisibles à la continuité de l'écoulement et occasionnant une grande perte de charge.

Si l'on adoptait la disposition (2), avec l'intrados tangent à MX, l'aube étant terminée par un biseau aigu, il se produirait, sur la portion de l'extrados formant le biseau, un choc très atténué et troublant peu l'écoulement ; mais de l'impulsion produite par ce choc résulterait un moment résistant.

La disposition (3), dans laquelle la direction MX est la bissectrice du biseau, serait préférable.

Il vaut encore mieux, comme l'a fait remarquer M. Rateau ([1]),

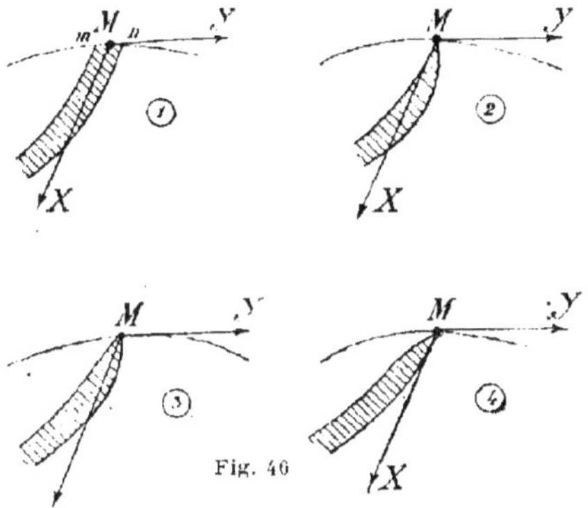

Fig. 46

adopter la disposition (4), avec l'extrados tangent à MX, car, du choc de l'eau sur la partie d'intrados formant biseau, résulte un moment moteur.

Ces dispositions, courbures très douces et biseau d'entrée très aigu, tracé suivant (4) étant adoptées, il conviendra, pour réduire la perte dans la roue mobile, de donner à λ_0 une valeur aussi faible que possible ;

3° Pertes dans le distributeur. Ce que nous avons dit au sujet de la courbure des aubes de la roue mobile est entièrement applicable aux directrices du distributeur. Il faut aussi que les directrices et les joues qui les limitent forment des canaux tels que la vitesse de l'eau croisse progressivement depuis la valeur qu'elle possède dans la chambre d'eau, ou, dans la bâche, le cas échéant, jusqu'à la valeur correspondant au coefficient k_0 à la sortie du distributeur.

Autres pertes dans les turbines. — Nous n'avons tenu compte jusqu'ici que des pertes dues à l'écoulement de l'eau dans les divers organes des turbines, nous allons maintenant examiner les autres pertes :

---

[1] Traité des Turbo-machines.

1° Entre les couronnes qui portent les aubes de la roue mobile, d'une part, et celles qui portent les directrices du distributeur fixe, d'autre part, il existe forcément deux orifices annulaires qui établissent, extérieurement à la roue, une communication entre le distributeur et le bief d'aval. L'eau qui s'écoule par ces orifices est donc dépensée en pure perte : c'est la fuite au joint.

Si Q est le débit de la turbine et q celui de la fuite au joint, la valeur relative de cette fuite est :

$$F_j = \frac{q}{Q}.$$

En traitant le joint convenablement, on peut facilement rendre cette perte relative inférieure à 4 %. Nous pouvons donc admettre approximativement :

$$F_j = 0,03 ;$$

2° La roue mobile, en tournant, frotte contre le fluide ambiant. Nous avons déjà signalé que certaines turbines tournent dans l'eau, tandis que d'autres tournent dans l'air : le travail de frottement de la roue contre le fluide ambiant est plus petit dans celles-ci et plus grand dans celles-là. Nous désignerons par F_r le rapport du travail ainsi dépensé en une seconde à la puissance de la turbine.

Désignons de même par F_a le rapport du travail absorbé en une seconde par le frottement de l'arbre dans ces coussinets à la puissance de la turbine. On peut admettre pratiquement :

$$F_r + F_a = 0,04$$

lorsque la turbine tourne dans l'eau, et

$$F_r + F_a = 0,03$$

lorsque la turbine tourne dans l'air.

Rendement hydraulique et rendement mécanique. — Le rendement ρ_2 envisagé jusqu'ici est, comme nous savons, le rendement hydraulique ; cherchons maintenant l'expression du rendement mécanique : ce dernier est le rapport de la puissance réellement disponible sur l'arbre de la turbine à la puissance absorbée par cette machine. Si nous désignons par N la puissance disponible sur l'arbre, par Q le débit de la roue mobile et par ϖ le poids spécifique de l'eau, nous aurons, d'après ce qui précède :

$$N = \rho_2\,\varpi Q H_n - (F_r + F_a)\,N$$

ou

$$N = \frac{\rho_2\,\varpi Q H_n}{1 + F_r + F_a}\,.$$

D'autre part, la puissance absorbée par la turbine est :

$$\varpi\,(Q + q)\,H_n.$$

Si nous désignons par ρ_m le rendement mécanique, nous aurons donc :

$$\rho_m = \frac{\rho_2\,\varpi Q H_n}{(1 + F_r + F_a)\,\varpi\,(Q + q)\,H_n}\,,$$

ou :

$$\rho_m = \frac{\rho_2}{(1 + F_r + F_a)\,(1 + F_j)}\,.$$

On déduit de là, en adoptant les nombres moyens cités plus haut :

$$\rho_m = \frac{\rho_2}{1,07} = 0,935\,\rho_2,$$

pour les turbines tournant dans l'eau, et

$$\rho_m = \frac{\rho_2}{1,06} = 0.945\,\rho_2,$$

pour les turbines tournant dans l'air.

Turbines à réaction et sans réaction. — En faisant le calcul de w_1 nous avons établi l'équation (14) :

$$\frac{p_0 - p_1}{\varpi} = h_0 + h_2 - \frac{v_0^2}{2g} - \zeta_0 + \frac{v_1^2}{2g} - \zeta_2 + \frac{V^2}{2g} - \frac{V_1^2}{2g}\,. \qquad (14)$$

Si, comme nous l'avons déjà fait, nous négligeons les termes $\dfrac{V^2}{2g}$ et $\dfrac{V_1^2}{2g}$, et si nous tenons compte des relations suivantes déjà posées plus haut :

$$h_0 + h_1 + h_2 - \zeta'_0 = H_n$$
$$\zeta_0 = \zeta'_0 + \zeta''_0$$
$$2g\,\zeta''_0 = n^2 v_0^2$$
$$2g\,\zeta_2 = l^2 v_1^2$$

cette équation devient :

$$\frac{p_0 - p_1}{\varpi} = H_n - h_1 - \frac{v_0^2}{2g}(1 + n^2) + \frac{v_1^2}{2g}(1 - l^2) \qquad (21)$$

ou :

$$\frac{p_0 - p_1}{\varpi H_n} = 1 - k_0^2(1 + n^2) - \frac{h_1}{H_n} + k_1^2(1 - l^2). \qquad (22)$$

Or, h_1 est une fraction de la hauteur de la roue mobile ; par suite le rapport $\dfrac{h_1}{H_n}$ est généralement très petit ; d'autre part, si nous donnons à k_1^2 et à l^2 les valeurs déjà indiquées, savoir :

$$(k_1^2)_{\max} = 0{,}06 \qquad (l^2)_{\min} = 0{,}7,$$

nous obtenons :

$$\left[k_1^2(1 - l^2)\right]_{\max} = 0{,}018.$$

Les deux derniers termes de (22) sont donc tous deux très petits, et leur différence :

$$-\frac{h_1}{H_n} + k_1^2(1 + l^2),$$

est elle-même très petite. Nous ne commettrons donc pas une erreur sensible en négligeant ces deux termes et nous écrirons l'équation (22) sous la forme approximative simplifiée :

$$\varepsilon = \frac{p_0 - p_1}{\varpi H_n} = 1 - k_0^2(1 + n^2).$$

Toutefois, il faut se rappeler que, dans le cas des très basses chutes, le terme $\dfrac{h_1}{H_n}$ peut ne plus être négligeable, et, au besoin, en tenir compte. Le nombre ε est appelé *coefficient de réaction*, et on voit que les diverses valeurs qu'il peut prendre sont comprises entre zéro et l'unité.

Si $\varepsilon = 0$, c'est-à-dire si $p_0 = p_1$, nous avons :

$$k_0^2 = \frac{1}{1 + n^2},$$

ou :

$$v_0^2 = \frac{2g H_n}{1 + \dfrac{2g \zeta''_0}{v_0^2}},$$

ou enfin :

$$v_0^2 = 2g(H_n - \zeta''_0).$$

L'eau, à sa sortie du distributeur, possède donc la vitesse maximum qu'elle puisse prendre, et toute son énergie se trouve sous forme cinétique : une turbine fonctionnant ainsi est dite *sans réaction* ou *turbine d'impulsion*. En particulier, une turbine d'impulsion peut fort bien fonctionner dans l'air, car alors on a :

$$p_0 = p_1 = p_a \qquad \text{et} \qquad \varepsilon = 0.$$

Dans ces turbines, la veine d'eau ne remplit pas, en général, les canaux de la roue mobile : elle s'appuie et s'étale sur la face d'une aube sans toucher le dos de la précédente, et, pour permettre ce mode d'écoulement, il est évidemment nécessaire d'assurer la ventilation des canaux de la roue. Dans ces conditions, il n'y a pas d'inconvénient à ce que le distributeur ne s'étende que sur un secteur de la roue, et, souvent, dans le cas de très hautes chutes, le distributeur se trouve ainsi réduit à une buse unique. Si le distributeur s'étend sur toute la roue, la turbine est dite *à injection totale* ; elle est dite *à injection partielle* si le distributeur n'occupe qu'un secteur de la roue. Les turbines sans réaction, tournant dans l'air, et organisées comme nous venons de l'indiquer, sont appelées *turbines à libre déviation*.

Pour qu'une turbine sans réaction, à injection totale, puisse tourner dans l'eau, il faut que les canaux de la roue mobile épousent exactement la forme de la veine d'eau qui les traverse : s'il n'en était pas ainsi, il y aurait, dans les espaces libres entre les parois des canaux et la veine liquide, accumulation d'eau morte provenant du bief d'aval et entretenue en mouvements tourbillonnaires aux dépens de l'énergie de l'eau active, d'où forte diminution du rendement.

Les turbines sans réaction, à admission totale et ainsi étudiées pour pouvoir tourner dans l'eau, sont appelées *turbines à veine moulée*.

On voit d'ailleurs facilement qu'une turbine sans réaction, tournant dans l'eau, ne peut pas être à injection partielle, même si l'on a pris la précaution de mouler la veine : car les canaux de la roue qui, à un moment donné, ne sont pas devant le distributeur, sont remplis par l'eau du bief d'aval, et quand, par suite de la rotation, ils passent devant le distributeur, l'eau morte qui les remplit doit être chassée par l'eau vive sortant du distributeur ; le mouvement qui doit ainsi être communiqué à cette eau morte consomme en pure perte une notable quantité d'énergie, entraînant une forte diminution du rendement ; en outre, les chocs violents de l'eau vive contre l'eau morte ébranlent et disloquent rapidement la machine.

Pour toutes les turbines d'impulsion, qu'elles soient à libre déviation ou à veine moulée, si l'on adopte le nombre 0,06 comme valeur du coefficient de perte n^2 dans le distributeur, la valeur du coefficient k_0 de vitesse absolue est donnée par :

$$k_0{}^2 = \frac{1}{1,06} \quad \text{d'où} \quad k_0 = 0,97.$$

Examinons maintenant le cas où le coefficient ε à une valeur quelconque comprise entre O et I ; on a alors :

$$p_0 > p_1,$$

et

$$k_0{}^2 = \frac{1 - \varepsilon}{1 + n^2}.$$

Cette dernière équation transformée comme plus haut devient :

$$v_0{}^2 = 2g \, (\mathrm{H}n - \zeta_0'' - \varepsilon \mathrm{H}n).$$

La vitesse de l'eau à la sortie du distributeur est donc inférieure à celle qu'elle peut prendre sous la chute $(\mathrm{H}n - \zeta_0'')$: l'énergie de l'eau, à la sortie du distributeur, se trouve donc en partie sous forme de vitesse et en partie sous forme de pression.

Une turbine fonctionnant dans ces conditions est dite *turbine à réaction*. Ces turbines peuvent très bien tourner dans l'eau sans qu'il soit nécessaire ni même utile de mouler la veine, puisque l'eau qui entre dans la roue est à une pression supérieure à celle du fluide ambiant qui, par suite, ne saurait s'introduire dans les canaux et les encombrer.

Aussi, en pratique, pour éviter la perte de la hauteur h_2 dont nous avons déjà parlé, les turbines à réaction fonctionnent toujours dans l'eau, et, pour les raisons déjà données, elles sont alors toujours à injection totale. Leur coefficient de vitesse absolue k_0 peut varier théoriquement entre les nombres 0,00 et 0,97 ; pratiquement, on choisit presque toujours, pour obtenir un bon rendement, une valeur de k_0 comprise entre 0,60 et 0,80, et d'une façon générale on adopte pour ce coefficient un nombre voisin de 0,70 ; nous écrirons donc :

$$0,60 < h_0 \backsim 0,70 < 0,80.$$

On voit que les turbines à veine moulée marquent le point de passage du type à réaction au type à libre déviation : c'est ce qui les fait souvent appeler *turbines limites*.

Nous pouvons, d'après ce qui précède, donner comme suit une classification générale des turbines :

Turbines
à réaction } à injection totale.

Turbines
d'impulsion { à veine moulée.   Injection totale.
à libre déviation { injection totale.
injection partielle.

Il va sans dire que toutes ces turbines peuvent être axiales, centripètes, centrifuges ou mixtes, et que leur arbre peut être soit horizontal, soit vertical.

Bien que les dénominations de *turbines à réaction* et *turbines d'impulsion* ne soient pas très satisfaisantes, nous croyons devoir conserver cette terminologie malheureusement consacrée aujourd'hui par l'habitude.

CHAPITRE IV

Turbines à réaction

§ 1. — TURBINES HÉLICOÏDES

Ces turbines ont été très employées autrefois.

Un des grands avantages des turbines, qu'on utilisait généralement à la conduite des meules de moulins, était la disposition verticale de leur arbre. Actuellement, on trouve certains avantages à disposer leur arbre horizontalement, surtout pour les accoupler directement aux dynamos ; mais on sait construire, avec cette disposition d'arbre, des turbines permettant d'obtenir des vitesses angulaires beaucoup plus grandes que celles que l'on peut atteindre avec les turbines hélicoïdales, et conduisant, par suite, à des installations moins coûteuses.

On trouve donc beaucoup d'exemples anciens de turbines hélicoïdes à arbre vertical, tandis que la disposition de ces machines avec l'arbre horizontal est une exception très rare.

Néanmoins, nous devons dire qu'il n'y aurait pas de difficultés à les construire ainsi.

Le type des turbines hélicoïdes à réaction est la turbine Jonval, perfectionnée par Koechlin, que représente la figure 47.

Dispositions générales. — Le distributeur est placé sur le plancher de la chambre d'eau : il est constitué par deux anneaux cylindriques ou à peu près cylindriques, reliés entre eux par les cloisons directrices d. La roue mobile est construite de la même façon : les anneaux sont réunis par les aubes a ; elle est clavetée sur un arbre vertical qui traverse le plafond du distributeur dans un presse-étoupe formant boîtard.

Souvent aussi, le plafond du distributeur porte un boîtard surmonté d'un tuyau étanche placé autour de l'arbre et s'élevant au-dessus du niveau de l'eau dans la chambre.

Si l'on coupe les directrices et les aubes par un cylindre dont les
génératrices soient parallèles à l'axe de la turbine, on obtient, en
développant ce cylindre, des sections analogues à celles représentées
par la figure 48.

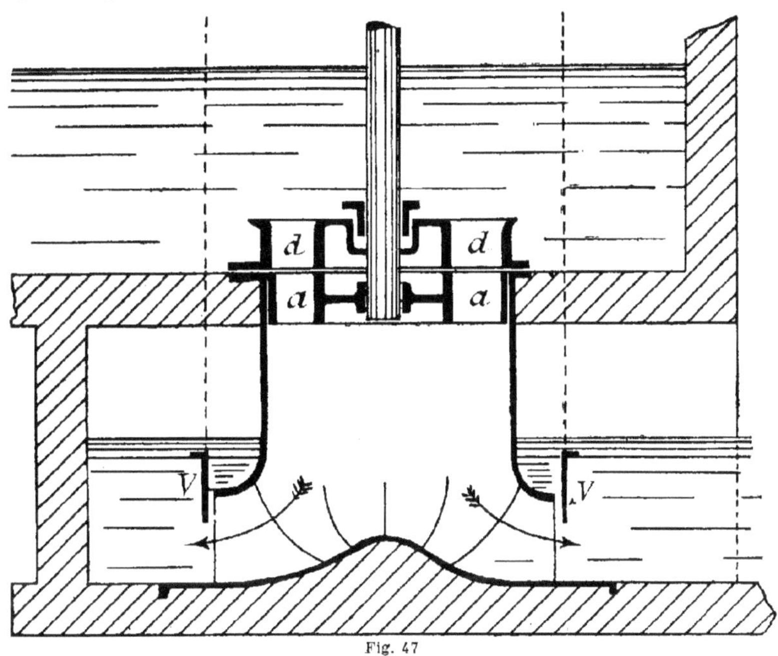

Fig. 47

Un tube d'aspiration conduit l'eau depuis la roue mobile jusqu'au
bief d'aval. A sa partie inférieure, le tuyau d'aspiration s'évase de
façon à amener l'eau à sortir
horizontalement : un plafond conique, relié au tuyau par des
nervures, la guide dans ce mouvement ; l'évacuation se fait ainsi
à travers une surface cylindrique
verticale.

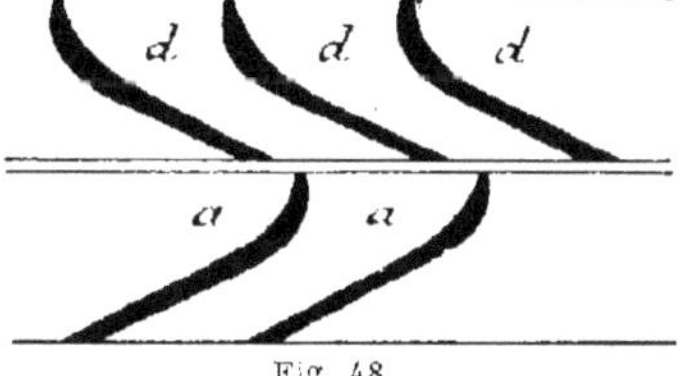

Fig. 48

Vannage. — Une vanne cylindrique V, placée au pied du tuyau d'aspiration, et qui peut être plus ou moins levée, permet de donner à la surface d'évacuation une section déterminée et, par suite, de limiter le débit de la turbine. La réduction de section à la sortie occasionne une perte de charge sur le trajet de l'eau : aussi le rendement de la turbine diminue très rapidement à mesure que l'on ferme la vanne.

La vanne cylindrique est souvent remplacée par un papillon : le tube d'aspiration est alors un simple tuyau droit et le papillon est placé à son extrémité inférieure. Ce papillon présente d'ailleurs le même inconvénient que la vanne cylindrique au point de vue du rendement.

Remarque. — Ce que nous venons de dire est relatif à une turbine établie dans une chambre d'eau ouverte. Si la hauteur de chute était trop considérable pour cela, on fixerait le distributeur sur le fond d'une bâche cylindrique en tôle, reliée par une bride latérale à la conduite forcée ; l'arbre traverserait le plafond de cette bâche dans un presse-étoupe.

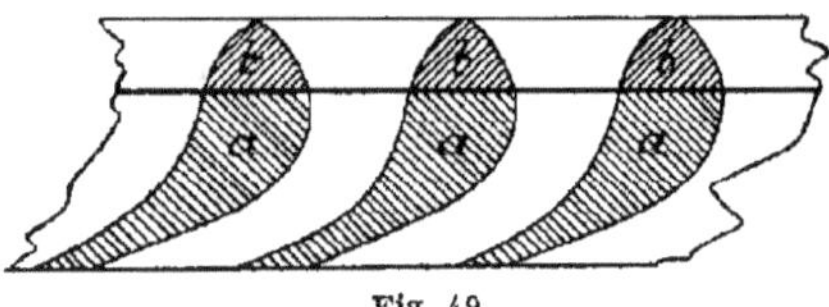

Fig. 49

Perfectionnements apportés à ces turbines. — On a appliqué aux turbines axiales des modes de vannage imaginés pour les turbines hélico-centripètes qui sont : le vannage dit à persiennes et le vannage par directrices mobiles.

Dans le vannage à persiennes (fig. 49), les directrices sont formées de deux parties, les unes, *a*, fixes et les autres *b*, mobiles. En déplaçant les deux anneaux portant les parties *a* par rapport aux anneaux fixes portant les parties *b*, d'un mouvement de rotation autour de leur axe commun (qui est l'axe de la turbine), on produit un étranglement dans les canaux du distributeur : il en résulte une perte de charge qui réduit le débit mais malheureusement aussi le rendement ; en sorte que ce vannage, bien que de manœuvre plus commode que les précédents, n'est, au point de vue de la conservation du rendement, guère plus recommandable.

Pour réaliser un vannage par directrices mobiles (fig. 50), on remplace les anneaux cylindriques qui portent les directrices, par des portions de sphères concentriques. Chaque directrice est mobile autour d'un

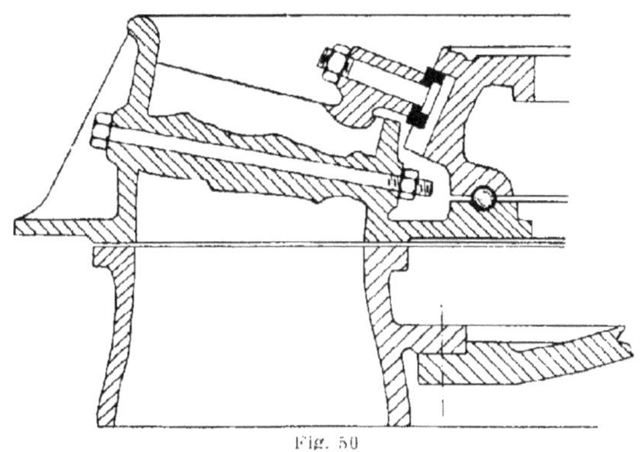

Fig. 50

axe dirigé suivant un rayon commun aux deux sphères, et porte une queue et un galet engagé dans une fenêtre d'un anneau conique

pouvant tourner autour de l'axe de la turbine. Cet anneau reçoit un mouvement de rotation au moyen d'une commande quelconque, ce qui permet de faire varier l'angle α, en même temps, pour toutes les directrices : il en résulte une variation de la section de sortie du distributeur.

Cette façon d'opérer le vannage conserve très bien le rendement lorsqu'on fait varier le débit dans certaines limites ; mais on voit combien est coûteuse la disposition qui permet de la réaliser. Aussi, lorsqu'on l'adopte, perfectionne-t-on généralement le tuyau d'aspiration.

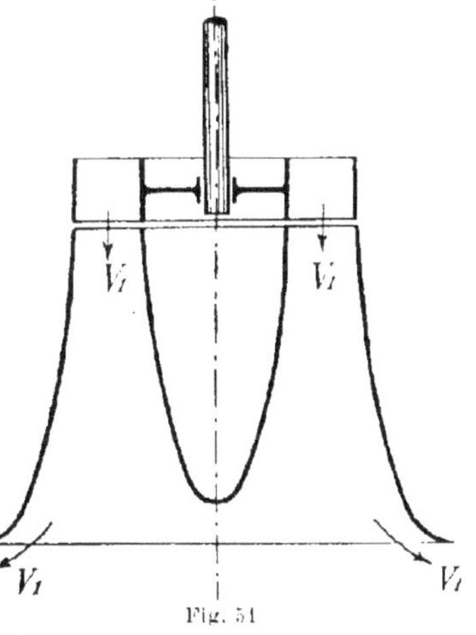

Fig. 51

On le compose d'un tuyau extérieur conique évasé en pavillon vers le bas, et d'un second tuyau intérieur conique lui aussi (fig. 51) mais tourné en sens inverse, de façon à former un tuyau annulaire de section progressivement croissante, et à faire passer progressivement la vitesse de la valeur v_1 qu'elle possède à la sortie de la roue mobile jusqu'à la valeur V_1 qu'elle doit prendre dans le canal de fuite.

Ces perfectionnements augmentent prodigieusement le prix de la machine : aussi sont-ils très rarement employés.

§ 2. — TURBINES CENTRIFUGES

Ces turbines, dues à Fourneyron, étaient, au début, toujours à axe vertical ; cependant, on les construit aussi à axe horizontal. Bien qu'on en puisse citer de très beaux exemples assez récents, entre autres, les premières turbines de 5000 chevaux du Niagara, ces machines ne se construisent plus que rarement.

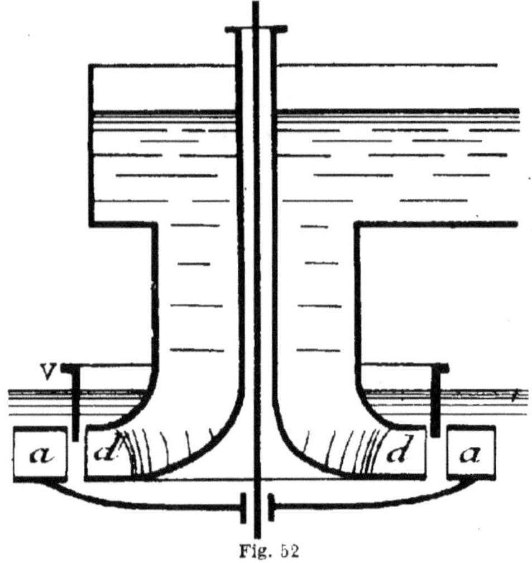

Fig. 52

Dispositions générales. — Si la turbine est à chambre ouverte, le distributeur est constitué par un tuyau vertical qui se retourne vers le bas à angle droit : c'est entre la couronne annulaire formée par ce retour et le fond que sont placées les directrices d (fig. 52).

La roue mobile est constituée par deux anneaux plats qui portent les aubes a ; elle est clavetée sur l'arbre vertical.

Le fond du distributeur porte, en son centre, un manchon qui s'élève au-dessus du niveau amont et permet le passage de l'arbre. Nous avons remarqué que ce dispositif peut être appliqué aux turbines hélicoïdes ; de même, le presse-étoupe que nous avons indiqué pour les hélicoïdes peut être employé pour les centrifuges.

Si l'on coupe les directrices et les aubes par un plan normal à l'axe de la turbine, on obtient des sections analogues à celles représentées par la figure 53.

Vannage. — Une vanne cylindrique V peut glisser entre la roue et le distributeur. En la levant plus ou moins on fait varier la section de sortie du distributeur et, par suite, le débit de la machine.

Ce système de vannage a un grave défaut : comme on ne réduit pas la section de la roue en même temps que celle du distributeur, l'effet produit par la vanne V est un simple étranglement sur le trajet de l'eau (fig. 54, *a*), qui occasionne, comme on sait, une perte de charge. En fait cela se traduit par une diminution rapide du rendement.

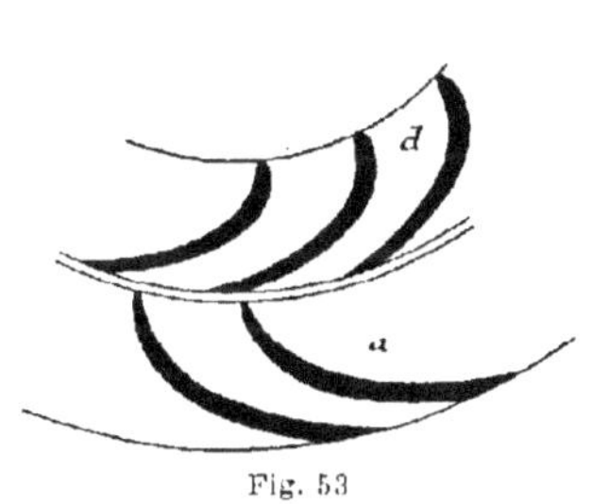

Fig. 53

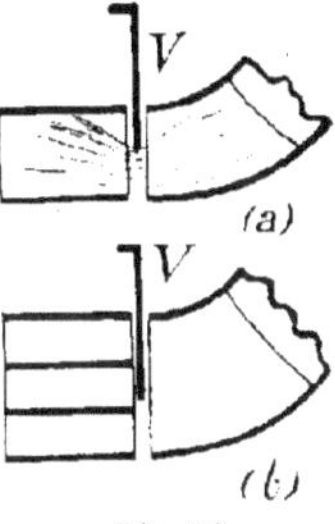

Fig. 54

Pour y remédier, ou du moins pour atténuer ce défaut, Fourneyron a imaginé de cloisonner la roue de façon à former plusieurs turbines juxtaposées (fig. 54, *b*). De cette façon, lorsque la vanne V arrive entre deux cloisons, le défaut ne subsiste que pour l'élément de turbine compris entre ces deux cloisons ; si elle arrive à hauteur d'une cloison, le fonctionnement de la machine est à peu près normal ; nous disons *à peu près* parce que la portion de roue qui ne reçoit pas d'eau frotte néanmoins contre le fluide ambiant, bien qu'elle ne produise aucun effet utile, et il en résulte une diminution du rendement d'autant plus accusée que la fraction de roue recevant l'eau est moindre.

On place quelquefois la vanne cylindrique V à l'extérieur de la roue, au lieu de la disposer entre le distributeur et la roue mobile.

Il n'y aurait d'ailleurs aucune difficulté à munir ces turbines soit d'un vannage à persiennes, soit d'un vannage à directrices mobiles.

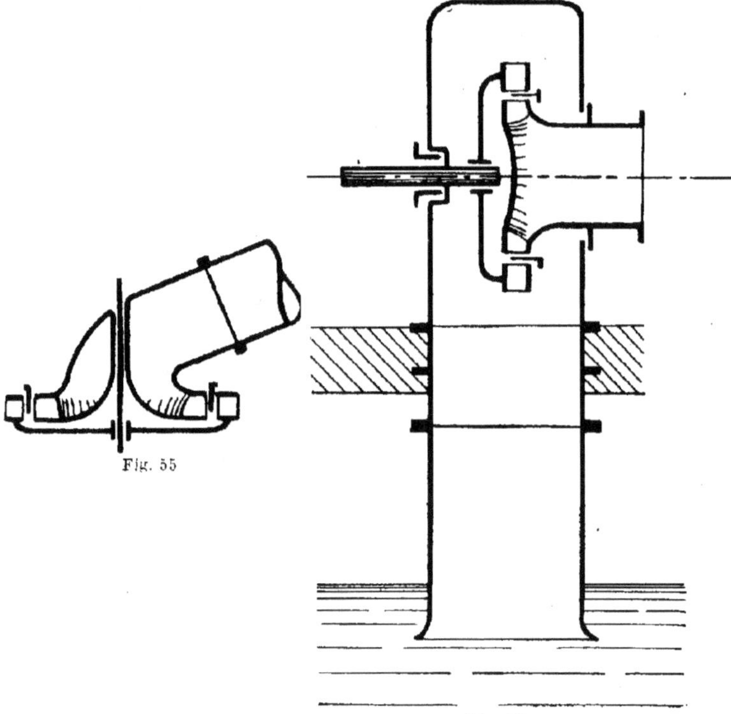

Fig. 55

Fig. 56

Remarque. — Si la turbine doit être placée à l'extrémité d'une conduite forcée, on peut lui donner la disposition représentée par la figure 55.

Il suffit pour cela de couder le tuyau supérieur du distributeur pour le raccorder à la conduite forcée.

Si la turbine doit être placée à l'extrémité d'une conduite forcée et avoir son arbre horizontal, on la dispose comme le montre la figure 56.

Le distributeur et la roue sont enfermés dans une bâche en fonte placée sur le sol de l'usine et raccordée au tuyau d'aspiration par une cuve scellée dans la maçonnerie.

La roue est calée en porte-à-faux sur l'arbre qui traverse la bâche dans un presse-étoupe.

Cette disposition est économique, mais, néanmoins, il est facile d'éviter ce porte-à-faux, en disposant les choses de façon que l'arbre traverse le distributeur dans un tube étanche.

§ 3. — TURBINES CENTRIPÈTES OU HÉLICO-CENTRIPÈTES

Ces turbines sont souvent appelées *turbines américaines* ou *turbines Francis*.

Il nous semble bon de faire remarquer ici que la première turbine de cette espèce a été construite en France et installée à la Poudrerie du Bouchet. Toutefois nous devons dire que l'ingénieur américain Francis a énormément contribué au développement de ce genre de machines.

Dispositions générales. — Si la turbine est montée dans une chambre ouverte, avec axe vertical, elle est disposée comme le montre la figure 57.

Le distributeur est formé de deux couronnes annulaires entre lesquelles sont les directrices d.

Les aubes a de la roue sont comprises entre le plafond p, qui porte le moyeu, et la ceinture c.

Le distributeur est fixé au-dessus d'un tuyau d'aspiration.

Comme on le voit, ces dispositions ressemblent beaucoup à celles d'une turbine Jonval.

Si l'on coupe les directrices et les aubes par un plan normal à l'axe de la turbine, on obtient des sections analogues à celles représentées par la figure 58.

Les directrices sont généralement des surfaces cylindriques à génératrices parallèles à l'axe. Quant aux aubes elles peuvent aussi être des surfaces cylindriques analogues, dans le cas où le diamètre de la turbine est très grand relativement à la largeur du distributeur. Mais, la plupart du temps, il n'en est pas ainsi et les aubes sont des surfaces gauches formant du côté de la sortie une sorte de poche ou cuillère. Si on les coupe par des plans normaux à l'axe et équidistants entre eux, on obtient des courbes analogues à celles indiquées en pointillé sur la figure 58.

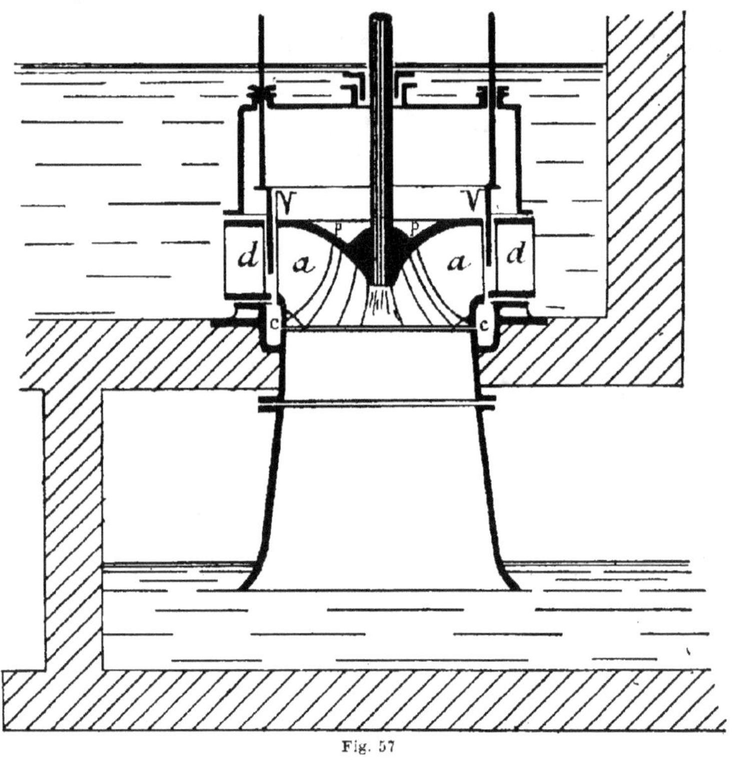

Fig. 57

Vannage. — La figure 57 représente une disposition de vanne cylindrique V placée entre la roue et le distributeur ; celui-ci est alors surmonté d'un dôme portant des presse-étoupe pour le passage de l'arbre et des tiges de manœuvre de la vanne.

On peut aussi placer la vanne V à l'extérieur du distributeur.

Ces deux dispositions présentent, pour les turbines centripètes, le défaut que nous avons signalé en parlant des centrifuges, c'est-à-dire un abaissement rapide du rendement, d'autant plus accusé que la vanne est moins ouverte. On y remédie de la même façon, en cloisonnant le distributeur et la roue, mais ici, la chose est beaucoup plus compliquée à cause de la forme des aubes.

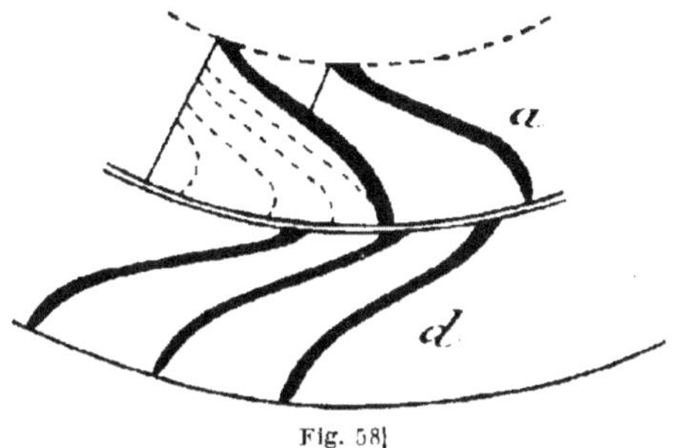

Fig. 58

La figure 59 représente un vannage à persiennes ou vannage Victor.

Le distributeur est formé de deux anneaux : l'un, A, peut tourner autour de l'axe de la turbine, et l'autre, B, est fixe ; les portions de directrices portées par A peuvent recouvrir les orifices libres entre les portions de directrices portées par B. Ce dispositif crée un étranglement, et, par suite, une perte de charge, dans le distributeur, d'où résulte un abaissement rapide du rendement.

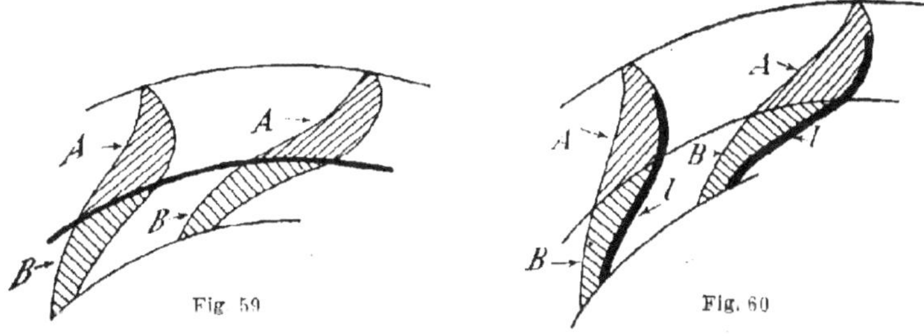

Fig 59

Fig. 60

M. Zodel l'a modifié ; pour remédier au défaut signalé, il munit les portions d'aubes portées par A d'une languette en acier l (fig. 60) qui évite l'élargissement brusque du canal formé par deux directrices successives.

Avec ce dispositif, on a encore un défaut de continuité de la section des canaux au passage du distributeur dans la roue mobile.

On emploie souvent le vannage imaginé par Finck et représenté figure 61. Chaque directrice est mobile autour d'un axe *a* reliant les deux anneaux qui limitent le distributeur, et formant entretoise ; des coulisseaux *b*, fixés aux directrices, sont engagés dans des fenêtres

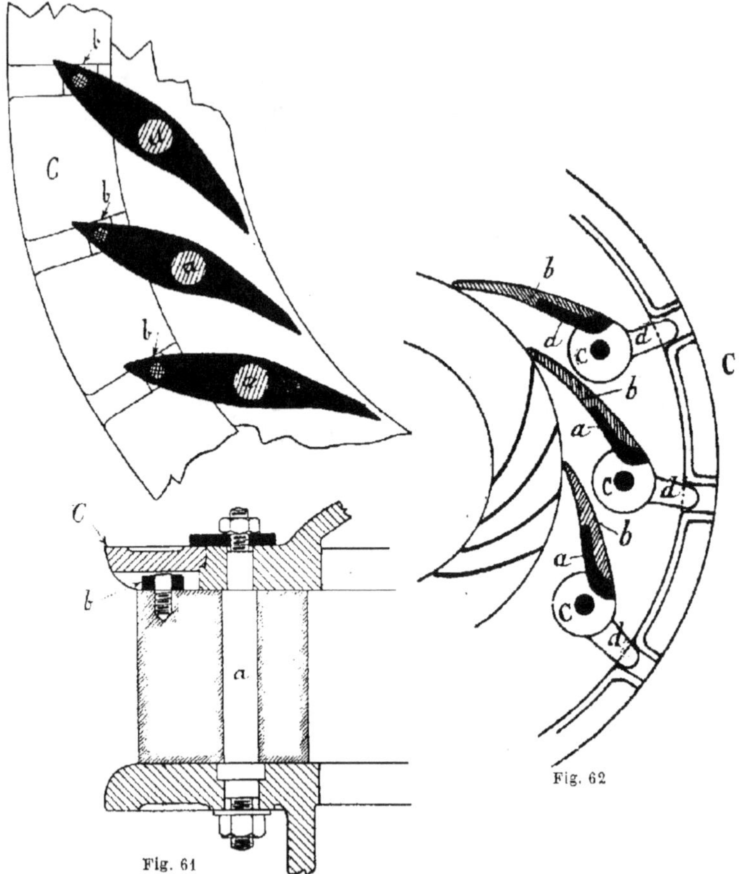

Fig. 61

Fig. 62

ménagées dans un cercle mobile C. Celui-ci peut tourner autour de l'axe de la turbine, et donne ainsi à toutes les directrices un mouvement de rotation autour des axes *a*. Il en résulte une variation de la section du distributeur qui limite le débit de la turbine.

On a employé d'autres dispositions pour manœuvrer les directrices mobiles, qui toutes tendent au même but ; ce sont là de simples détails de construction. Malgré la variation de l'angle α résultant de la rotation des directrices, ce dispositif n'occasionne pas la chute rapide du rendement dont nous avons parlé plus haut.

M. Schaad constitue un vannage analogue au précédent, en laissant fixe une partie b, des directrices (fig. 62), tandis que l'autre a, est mobile autour des axes c. Chacune des parties mobiles a, est solidaire d'une dent d'engrenage d, engagée dans une fenêtre ménagée dans un cercle mobile C. C'est en faisant tourner ce dernier que l'on manœuvre en même temps toutes les parties mobiles a.

Le vannage Francis et le vannage Schaad ont un défaut commun : toute la commande du mécanisme de vannage est dans l'eau, et, de plus, si un corps quelconque se trouve entre deux directrices au moment de la fermeture, la manœuvre est impossible, et l'on risque fort de briser les directrices.

Actuellement, dans les turbines de construction très soignée, les axes de rotation des directrices sont prolongés en dehors du distributeur, et dans la commande de leur mouvement on intercale des ressorts qui fléchissent lorsque la résistance est trop grande. On a ainsi beaucoup plus de facilité pour l'entretien du mécanisme et on ne court pas le risque de détériorer les directrices ; c'est là un très grand avantage, car la rupture d'une directrice occasionne souvent des accidents graves ; si le morceau cassé s'introduit dans la roue mobile, on a à craindre la détérioration complète du distributeur et de la roue : d'ailleurs, même si l'on n'avait à remplacer qu'une seule directrice avariée, cette opération constituerait déjà, à elle seule, une réparation assez longue et coûteuse, et ce sont ces considérations qui ont amené les constructeurs à adopter le système dont nous venons de parler, malgré son prix de revient élevé.

Autres dispositions de turbines centripètes. — On peut, tout en conservant l'axe vertical, installer dans une chambre ouverte des turbines multiples.

Il n'y a qu'à monter plusieurs roues sur le même arbre. Ainsi la figure 63 représente une turbine centripète double à axe vertical.

Actuellement, on emploie souvent la disposition à axe horizontal.

Une turbine centripète simple à arbre horizontal peut être installée dans une chambre ouverte, comme le montre la figure 64.

L'arbre traverse alors le coude dans un presse-étoupe.

La figure 65 représente une disposition applicable à une turbine double à chambre ouverte et à arbre horizontal. Cette disposition est

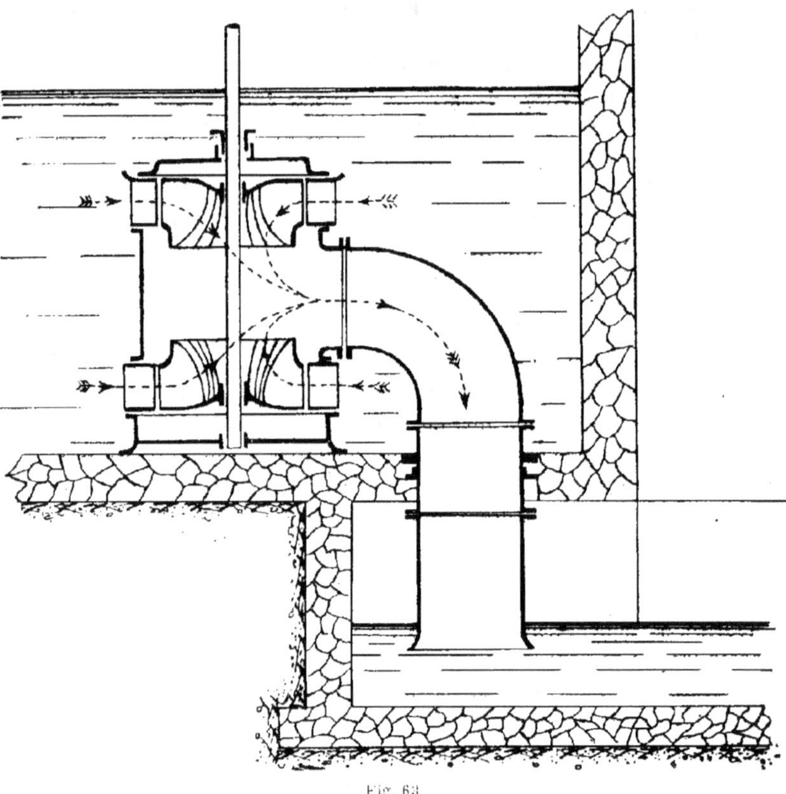

Fig. 65

tout à fait semblable à celle que nous avons donnée pour la turbine double à axe vertical. On peut d'ailleurs monter d'une façon analogue des turbines triples ou quadruples.

Lorsque la turbine doit être installée à l'extrémité d'une conduite forcée, on l'enferme dans une bâche. On donne souvent à la bâche une

forme spiraloïde (fig. 66) en proportionnant en chaque point sa
section au débit qui doit la traverser, de façon à conserver à l'eau une
vitesse constante ; on évite ainsi les remous et les pertes de charge qui
en seraient la conséquence.

On remarquera que, dans ce cas, il convient de donner aux directrices,
du côté de l'arrivée de l'eau, une certaine inclinaison sur la circonfé-

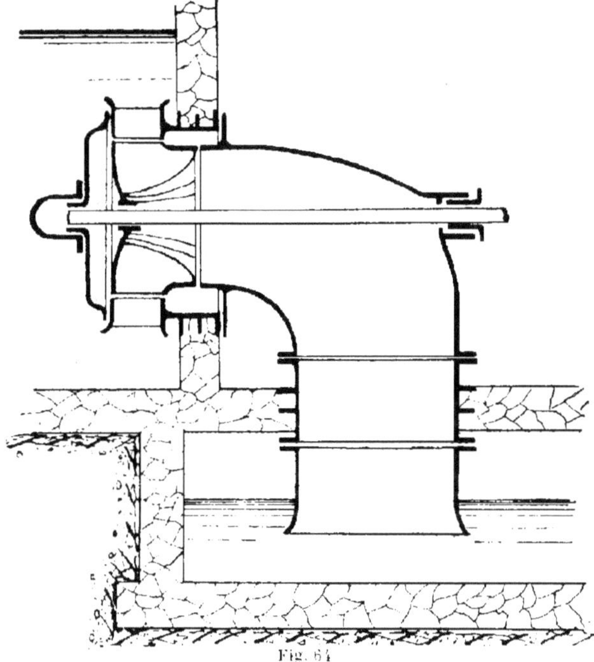

Fig. 64

rence qui les limite, de façon à éviter les changements brusques de
direction des filets liquides à leur entrée dans le distributeur ; on peut
voir, en se reportant à la figure 58, que, dans le cas d'une chambre
ouverte, les directrices coupent au contraire normalement la circonférence du distributeur : c'est qu'on n'a alors aucune raison pour les
incliner dans un sens plutôt que dans l'autre.

Si l'on a à construire une turbine double à l'extrémité d'une conduite
forcée, on peut employer la disposition de la figure 65, en enfermant

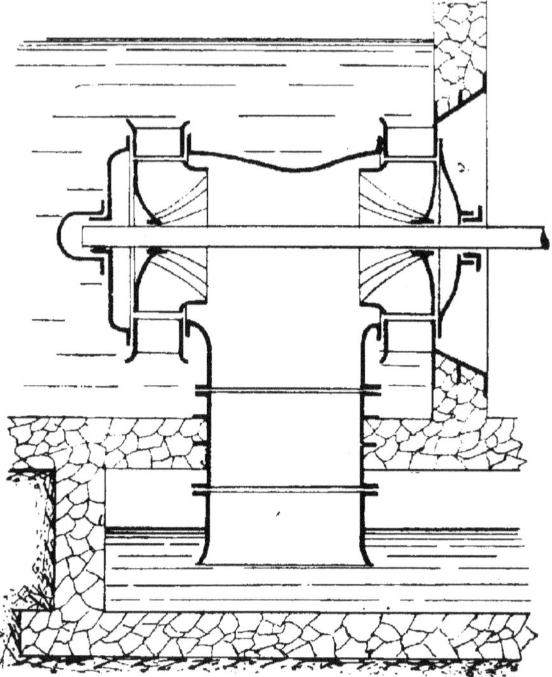

Fig. 65

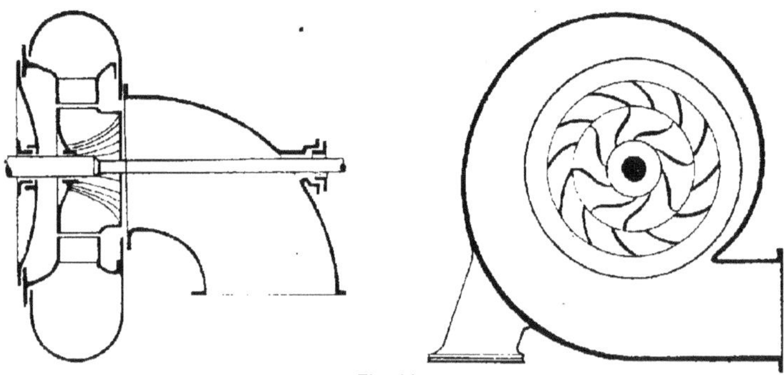

Fig. 66

chacun des distributeurs dans une bâche, mais on peut aussi, d'une
façon moins coûteuse, réunir les deux distributeurs en accolant les roues
dos à dos, et n'avoir qu'une seule bâche avec deux coudes d'évacuation.

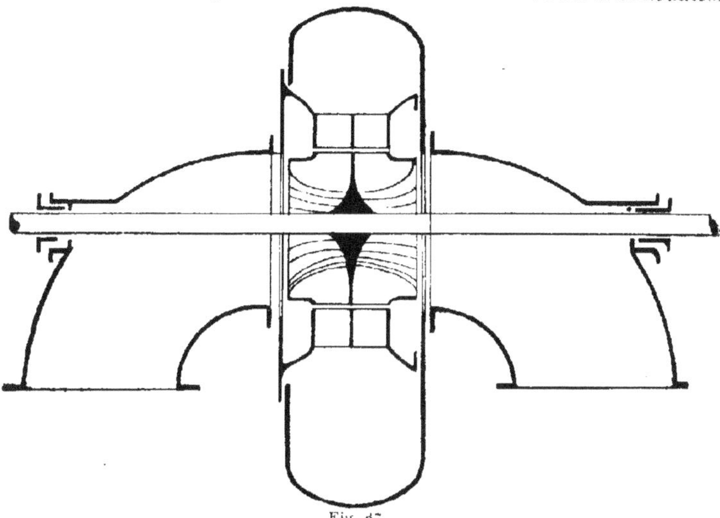

Fig. 67

On obtient alors la disposition représentée par la figure 67. La coupe
de cette turbine par un plan perpendiculaire à l'arbre serait tout à fait
semblable à celle de la figure
précédente.

Quelquefois, au lieu de
construire des bâches en
spirales, comme nous venons
de l'indiquer, on admet
une solution approximative,
moins coûteuse, que représente la figure 68.

La bâche est circulaire,
mais son axe O_1 ne coïncide
pas avec l'axe O du distributeur et de la roue : on
réalise ainsi deux demi-spi-
rales A et B. Dans ces condi-

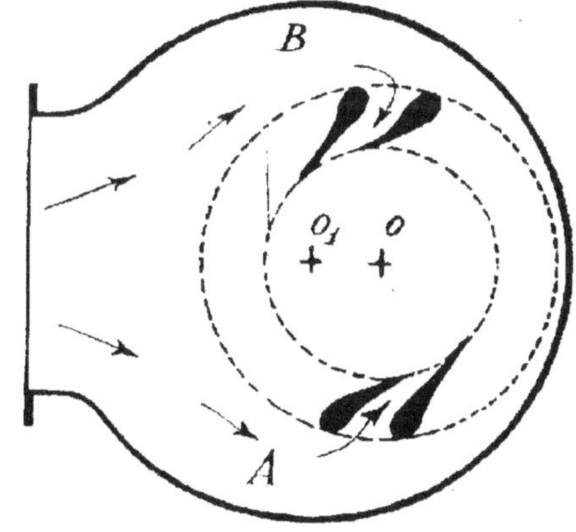

Fig. 68

tions, il convient, pour éviter de brusques changements de direction de la vitesse à l'entrée dans le distributeur, dans la région B, de donner une grande épaisseur au bord d'entrée des directrices et de les arrondir soigneusement.

On peut aussi, mais cela est plus coûteux, donner une forme spéciale à chaque directrice, de façon à assurer un guidage convenable de l'eau, suivant la région où elle se trouve.

Cette forme de bâche, souvent qualifiée de semi-spiraloïde, ne permet pas d'admettre d'aussi grandes vitesses d'écoulement que la bâche réellement spiraloïde ; néanmoins elle peut être intéressante dans certains cas et a été assez souvent employée.

§ 4. — OBSERVATIONS GÉNÉRALES SUR LES TURBINES A RÉACTION

1° Conditions de meilleur établissement. — Les épures dont nous avons parlé, aussi bien que les essais effectués sur des turbines existantes, montrent que les turbines à réaction ont le meilleur rendement possible, lorsque les coefficients de vitesses à l'entrée sont voisins respectivement des valeurs suivantes :

$$k_0 \backsim 0,75 \quad \xi_0 \backsim 0,70 \quad \lambda_0 \backsim 0,30 ;$$

l'angle α de c_0 et u_0 est alors voisin de 23 à 25 degrés.

Dans ces conditions, on peut compter sur les rendements mécaniques suivants, si la construction est soignée :

Turbines centripètes ou mixtes	80 % et plus.
— parallèles	78 %
— centrifuges	75 %

Il va sans dire que l'on est souvent conduit à adopter pour k_0, ξ_0 et λ_0 des nombres très différents de ceux que nous venons de donner. On peut, en les choisissant convenablement, faire varier ξ_0 depuis 0,55 jusqu'à 0,90 environ, sans avoir à craindre une diminution de rendement dépassant 4 à 5 %. Si l'on dépasse la valeur $\xi_0 = 0,90$, la diminution de rendement s'accuse de plus en plus rapide.

Lorsqu'on approche de $\xi_0 = 0,50$, le coefficient k_0 le plus convenable s'approche de l'unité. Nous savons qu'on a alors affaire à une turbine limite, ou à une turbine d'impulsion, dont nous nous occuperons bientôt.

2° **Variation du rendement avec le débit de la turbine.** — Les rendements que nous avons cités plus haut se rapportent à une turbine complètement ouverte.

Si l'on ferme plus ou moins le vannage, ce rendement diminue : cette diminution varie suivant le type du vannage, et, naturellement, le meilleur vannage est celui qui occasionne les plus faibles diminutions

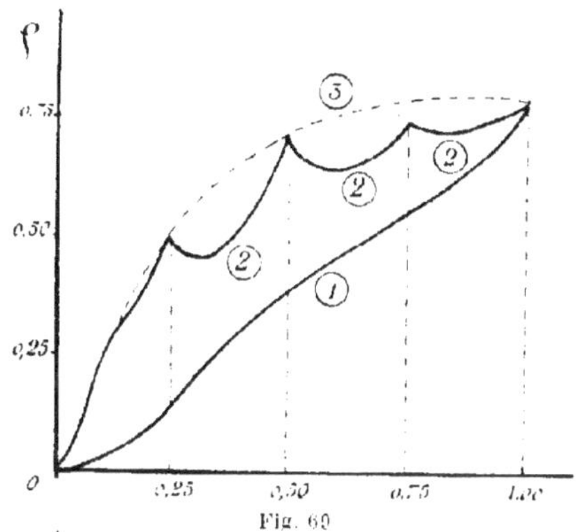

Fig. 69

du rendement. Pour se rendre compte des variations du rendement, le mieux est d'en tracer une courbe en fonction des débits ; au lieu de porter sur l'axe OX les valeurs absolues des débits, ce qui obligerait à faire une courbe spéciale pour chaque turbine, on porte généralement les débits proportionnels en prenant le débit maximum Q comme unité. De cette façon, la même courbe sert pour toutes les turbines de même construction.

La figure 69 donne l'allure des courbes comparatives ainsi construites.

La courbe (1) est relative, soit à un vannage à tiroir cylindrique, soit à un vannage à persiennes. La courbe (2) se rapporte à un vannage à tiroir cylindrique, mais avec roue et distributeur cloisonnés en quatre compartiments. Enfin, la courbe (3) donne les variations du rendement lorsque le vannage est constitué par des directrices mobiles : l'allure de cette dernière courbe peut d'ailleurs varier légèrement, car ce mode de vannage permet, si on le désire, d'obtenir le meilleur rendement, non pas pour l'ouverture correspondant au débit maximum mais pour une ouverture donnant 0,80 ou 0,75 de ce débit.

CHAPITRE V

Turbines d'impulsion

§ 1. — TURBINES LIMITES

Nous ne donnerons qu'un exemple de ces turbines, car, d'une façon générale, leurs dispositions sont tout à fait analogues à celles des turbines à réaction, et leur calcul n'en diffère qu'en ce que l'on est obligé de déterminer les canaux de la roue mobile de façon à mouler la veine liquide.

Turbine limite hélicoïde ou turbine Fontaine. — Cette machine fut la première turbine hélicoïde réellement industrielle ; ses dispositions sont celles que nous avons indiquées pour la turbine Jouval, sauf que la roue tourne dans l'eau du bief d'aval, et que, en conséquence, il n'y a pas de tube d'aspiration ; c'est du moins ainsi que l'a construite son inventeur, mais nous devons dire qu'il n'y aurait aucun inconvénient à conserver ce tube d'aspiration, du moins dans certaines conditions.

Vannage. — Le premier dispositif de vannage, imaginé par Fontaine, comportait une série de vannettes pouvant s'insérer entre les directrices du distributeur. Toutes ces vannettes étaient reliées par des tiges verticales à un anneau que l'on faisait monter ou descendre ; on modifiait ainsi, en même temps, les ouvertures de tous les canaux du distributeur. Ce mode de vannage présente le même défaut que le tiroir cylindrique de Fourneyron. Plus tard, Fontaine employa son *vannage à rouleaux*. Il était composé de deux bandes ou demi-anneaux de cuir, fixés sur le distributeur suivant *ab* et *cd*, et enroulés sur deux rouleaux tronconiques R et R′ (fig. 70).

On pouvait à volonté enrouler ou dérouler les bandes de cuir de manière à découvrir ou à fermer complètement un certain nombre d'orifices, suivant que l'on faisait tourner les rouleaux dans un sens ou dans l'autre.

Nous savons que ce mode de vannage donne lieu à un abaissement rapide du rendement et à des chocs violents : Fontaine n'a pu l'utiliser que grâce au peu de hauteur des chutes qu'on équipait à son époque.

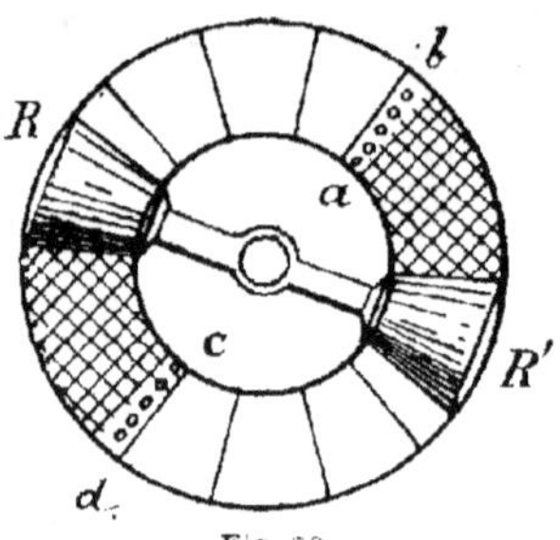

Fig. 70

§ 2. — TURBINES A LIBRE DÉVIATION

Nous avons dit déjà que, dans les turbines à libre déviation, la veine d'eau qui traverse la roue n'en remplit pas les canaux : pour obtenir ce résultat on évase les couronnes de la roue mobile, comme le montre la figure 71, de façon que la lame d'eau puisse s'étaler sur la face d'une aube a, sans toucher le dos de la précédente b. Il est alors nécessaire d'éviter toute dépression de la lame d'air qui reste entre la veine d'eau et l'extrados de l'aube b car ces dépressions occasionneraient des remous nuisibles au bon rendement de la turbine.

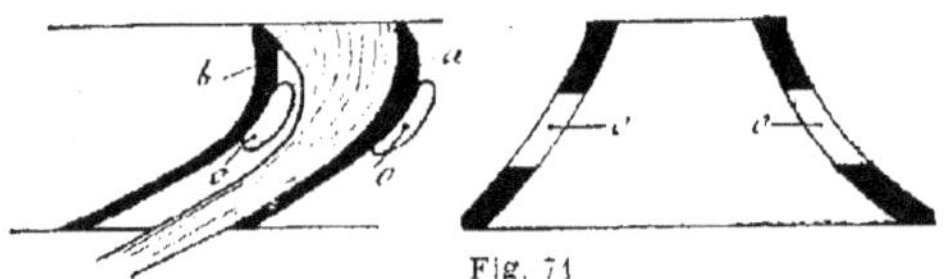

Fig. 71

Girard, à qui l'on doit la libre déviation, a imaginé dans ce but de ménager, dans les couronnes de la roue mobile, derrière chaque aube, une ouverture ou *évent* O, assurant la libre circulation de l'air.

Cette disposition a le grave inconvénient d'affaiblir les couronnes qui offrent alors une moins grande résistance aux efforts centrifuges qui tendent à les faire éclater.

On obtient le même résultat, au point de vue de la circulation d'air, en tenant l'entrée de la roue mobile franchement plus large que la sortie du distributeur, comme le montre la figure 72. L'air entre alors dans la roue suivant les flèches f et la solidité de celle-ci n'est pas compromise.

Ces remarques générales étant faites, nous allons examiner successivement les différents types de turbines à libre déviation.

§ 3. — TURBINE A LIBRE DÉVIATION HÉLICOIDE

Les dispositions générales d'une turbine à libre déviation hélicoïde, à axe vertical et à chambre ouverte sont celles indiquées pour la turbine Jonval : la seule différence est que le tuyau d'aspiration est supprimé, et que la roue mobile est placée juste au-dessus du niveau de l'eau dans le bief d'aval.

Vannage. — La réduction du débit de la turbine s'opère en obturant un certain nombre des orifices du distributeur : nous avons dit qu'avec les turbines à libre déviation cette façon de faire ne présente aucun inconvénient. On a imaginé dans ce but différents systèmes.

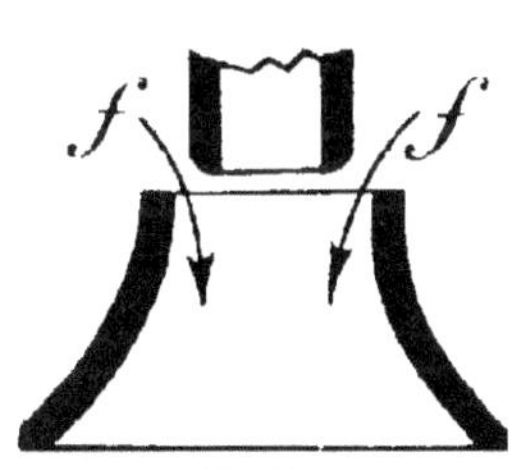

Fig. 72

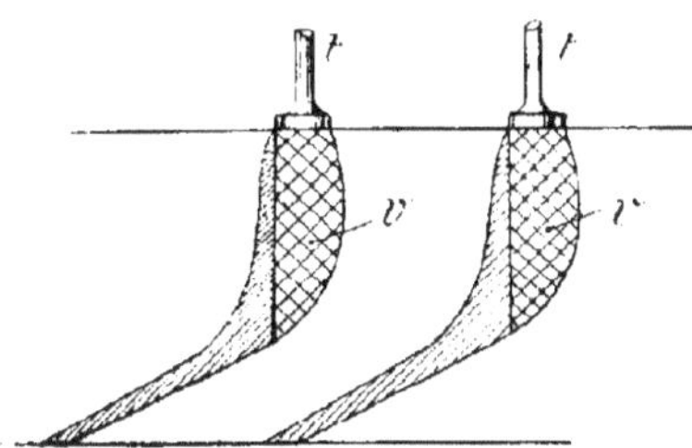

Fig. 73

Girard a employé des vannettes qui peuvent être levées ou baissées successivement par un même organe de commande : c'est un perfectionnement apporté aux vannettes Fontaine, qui, elles, étaient, comme nous l'avons signalé, manœuvrées simultanément.

Ce système de vannage comprend autant de petites vannettes qu'il y a d'orifices au distributeur (fig. 73). Chacune des vannettes v glisse contre le dos d'une directrice et vient s'appliquer sur la face de la suivante. Elles sont suspendues à des tiges t qui permettent de les

manœuvrer. Ces tiges portent, à leur partie supérieure, une traverse
et un galet engagé dans une des rainures a ou b d'un tambour horizontal (fig. 74). La distance de ces rainures est égale à la course des
vannettes. En faisant tourner le tambour T, on peut faire passer les
galets de deux vannettes diamétralement opposées de la rainure
inférieure à la rainure supérieure ou inversement : à cet effet les
rainures sont tracées symétriquement sur le tambour, il s'ensuit qu'en
faisant tourner le tambour, on peut ouvrir ou fermer à la fois deux
vannettes symétriques, et, en continuant le mouvement, on en ouvre
ou ferme autant de paires que l'on veut. La manœuvre des vannettes
par deux, diamétralement opposées, évite les efforts dissymétriques
sur la roue, et, par suite, sur l'arbre ; ceci est avantageux pour les
boîtards de guidage, et permet de réduire le diamètre de l'arbre.

Certains constructeurs remplacent les vannettes par des clapets qui
s'appliquent sur l'entrée des canaux du distributeur.

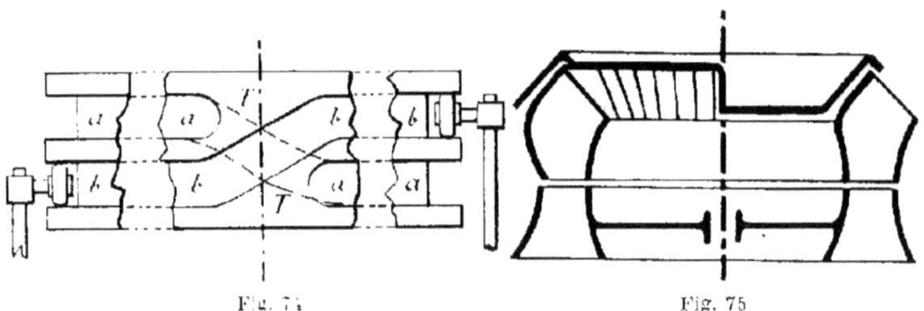

Fig. 74
Fig. 75

On emploie aussi des vannages à tiroirs croisés. En voici un
exemple :

La moitié des orifices du distributeur débouche sur une surface
conique intérieure, et l'autre moitié sur une surface conique extérieure
(fig. 75). Chacune des séries d'orifices d'entrée des canaux du distributeur peut être obturée par un tiroir conique : les deux tiroirs font
corps entre eux et sont manœuvrés en même temps.

On a exécuté, dans le même ordre d'idées, des tiroirs croisés, en
faisant déboucher les orifices d'entrée du distributeur, soit sur une
surface cylindrique, soit sur un plan ; dans le premier cas, les orifices
sont répartis en deux séries situées à des hauteurs différentes ; dans le
deuxième cas, ces séries débouchent sur des anneaux circulaires de
diamètres différents.

Avec ces dispositifs, un demi-tour exécuté par le tiroir ferme ou ouvre complètement la turbine.

On peut, de même, effectuer l'ouverture ou la fermeture totale en un quart de tour du tiroir, en faisant chevaucher les orifices par quart de circonférence, au lieu de demi-circonférence, comme nous venons de le dire.

Remarque. -- Si la turbine est placée au pied d'une conduite forcée, au lieu d'être installée dans une chambre ouverte, l'appareil distributeur forme alors le fond d'une huche métallique, reliée à la conduite par une bride. Dans ce cas, si l'on trouve que la turbine construite normalement avec injection totale tourne trop vite, on peut sans aucun inconvénient employer l'injection partielle : le distributeur est alors réduit à un secteur recouvrant une partie seulement de la roue.

Girard a employé sous le nom de *roue hélice* des turbines à libre déviation hélicoïde disposées avec l'arbre horizontal.

Actuellement, cette disposition ne se rencontre plus qu'exceptionnellement : la turbine à libre déviation hélicoïde à arbre horizontal n'est plus construite que sous la forme de *roue Pelton* dont nous allons nous occuper.

§ 4. — ROUE PELTON

La roue Pelton est une turbine à libre déviation, à axe généralement horizontal (mais quelquefois vertical) d'une construction spéciale (fig. 76). Les aubes qui, dans ce cas particulier, sont le plus souvent appelées *augets* sont formées de deux surfaces cylindriques ou ovoïdes accolées de telle façon que leur section par un cylindre circulaire droit XX, ayant pour axe l'axe de rotation, présente la forme d'un ω ouvert (fig. 77). L'appareil distributeur se compose essentiellement d'une ou de plusieurs buses de section habituellement circulaire, et, rarement, rectangulaire ; chaque buse dirige un jet sur l'arête médiane a, qui doit être aussi aiguë que le permettent les moyens de construction. Le jet arrivant sur l'arête a se divise en deux parties qui sont déviées sur les surfaces concaves et sortent sur les bords b des augets.

Chaque moitié d'auget, située de part et d'autre du plan normal à l'axe de rotation passant par l'arête a, remplit donc le même rôle que l'aube d'une turbine hélicoïde dans laquelle l'angle α des vitesses v_0 et u_0 serait très petit.

Autrefois, les augets étaient formés de deux surfaces cylindriques

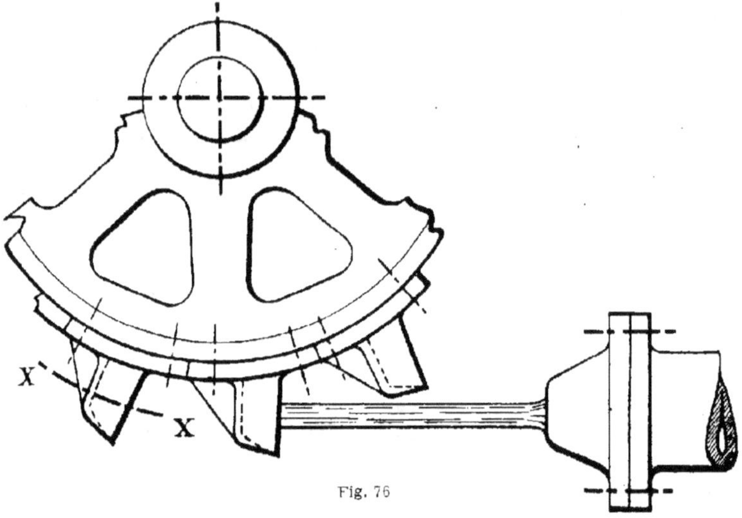

Fig. 76

dont les génératrices, parallèles à l'arête a, s'appuyaient sur le profil en ω dont nous venons de parler ; la coupe de ces augets par un plan yy parallèle à l'arête a (c'est-à-dire normal à l'axe de rotation et passant par le creux maximum), donnait la forme représentée figure 78.

Ces augets étaient souvent fixés sur une jante de roue par une semelle et des boulons ; souvent aussi, ils étaient venus de fonte avec le corps de la roue.

Actuellement on donne aux demi-augets la forme ovoïde qui tend à rejeter latéralement la veine liquide et à éviter que l'eau ne vienne buter vers le fond ; on échancre les doubles cuillères ainsi obtenues, du côté extérieur, pour laisser libre passage au jet qui, de la sorte, n'attaque l'aube que par l'arête médiane (fig. 79).

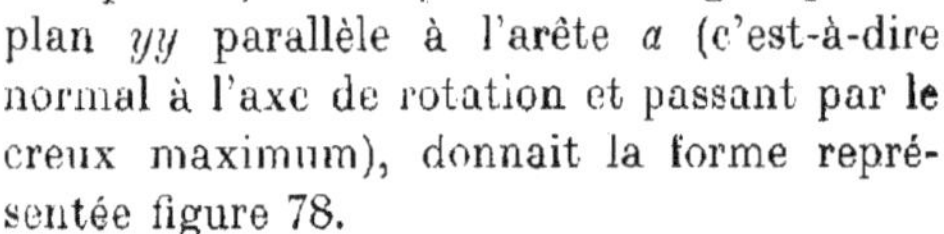

Fig. 77

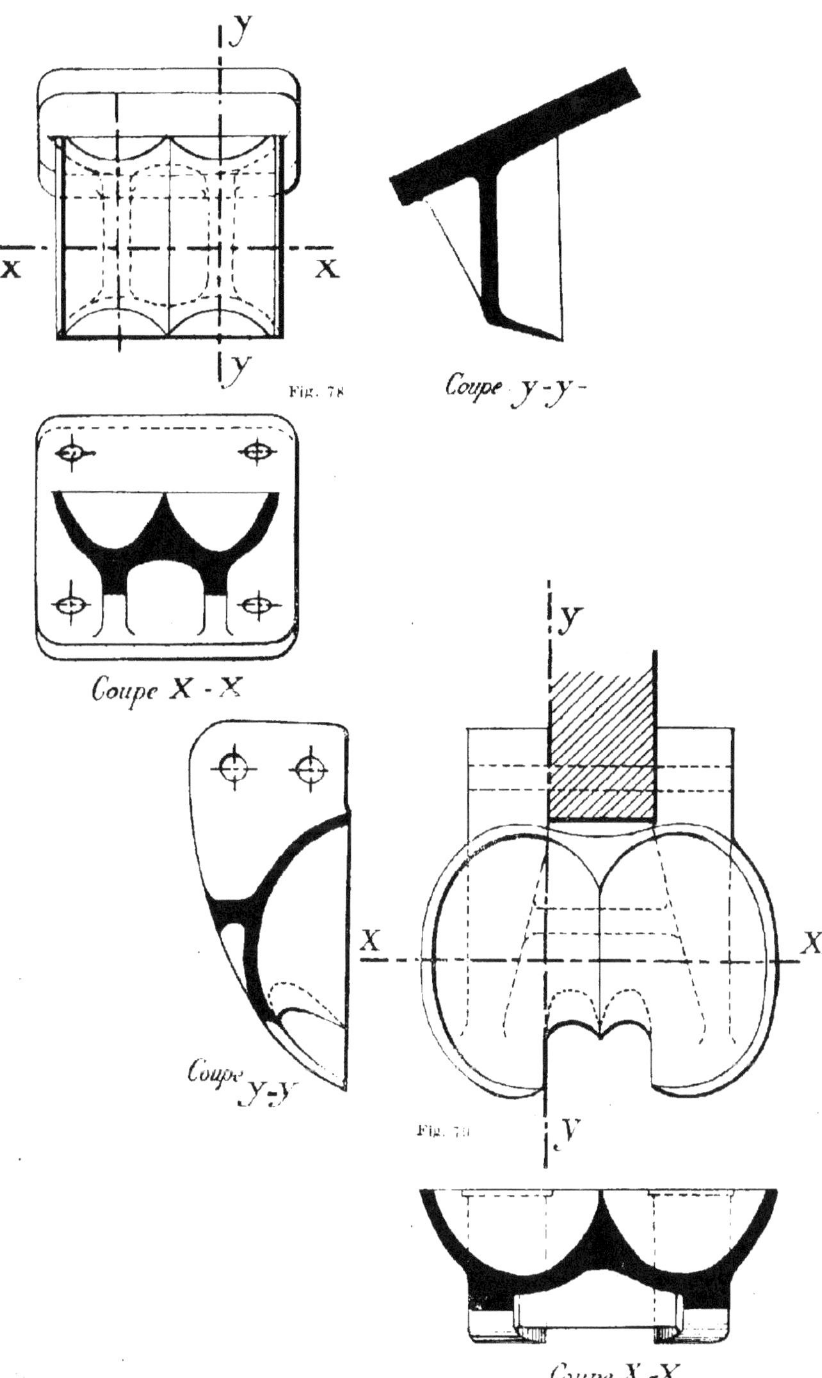

y
x
x
y
Fig. 78
Coupe y-y-
Coupe X - X
Coupe y-y
X
X
y
y
Fig. 79
Coupe X -X

Nous avons vu que, souvent, les augets cylindriques étaient fixés à la jante par une semelle et des boulons normaux à l'axe de rotation : le moindre desserrage de ces boulons occasionnait le ballottement de l'auget qui, tant sous l'action de la force centrifuge que sous celle de la pression intermittente et répétée du jet, ne tardait pas à s'arracher.

Le mode de fixation des augets ovoïdes est presque toujours le suivant : les augets portent des pattes qui enserrent, à frottement dur, le corps de la roue ; ces pattes et le corps de roue sont traversés par des boulons parallèles à l'axe de rotation, bien ajustés dans leurs trous (et souvent ils sont coniques pour assurer un meilleur portage). De cette façon, un léger desserrage ne présente plus les mêmes dangers.

Les pattes de fixation sont avantageusement prolongées sous les demi-augets par de fortes nervures qui contribuent énormément à la solidité de l'ensemble.

Dans les petites machines, les augets sont souvent venus de fonte avec le corps de roue : c'est une construction plus économique ; mais, si un ou plusieurs augets sont accidentellement brisés, il faut changer la roue complète : les petites roues étant généralement en fonte et peu coûteuses, cela ne présente pas grand inconvénient.

Les augets des grandes roues sont au contraire généralement en acier moulé ainsi que le corps de ces roues.

Il est recommandable de polir à la meule la surface interne des augets car il en résulte un accroissement très appréciable du rendement. Cela est surtout vrai pour les augets en acier moulé dont la surface brute est beaucoup plus rugueuse que celle des augets en fonte.

Vannage. — Les buses rectangulaires sont presque totalement abandonnées aujourd'hui comme distributeurs de roues Pelton (nous en verrons plus loin des exemples appliqués à d'autres turbines) et on donne la préférence aux buses circulaires avec vannage à aiguille centrale. (Remarquons en passant que les distributeurs des premières turbines Pelton étaient munis d'injecteurs circulaires avec vannage à aiguille, moins bien étudiés que ceux actuellement en faveur, mais pourtant analogues à ceux-ci.)

Les buses actuelles, fortement coniques (fig. 80), sont légèrement arrondies vers la sortie, de sorte que leur profil présente, en a, un point d'inflexion.

Le vannage est constitué par une simple aiguille qui obture plus ou moins l'orifice de la buse, suivant qu'elle en est plus ou moins rapprochée : l'eau s'échappe donc par un orifice annulaire.

Cependant, si les profils de l'aiguille et de la buse sont bien étudiés, les filets liquides s'appuyent sur l'aiguille et forment ensuite un jet parfaitement homogène, bien plus régulier que si l'aiguille était

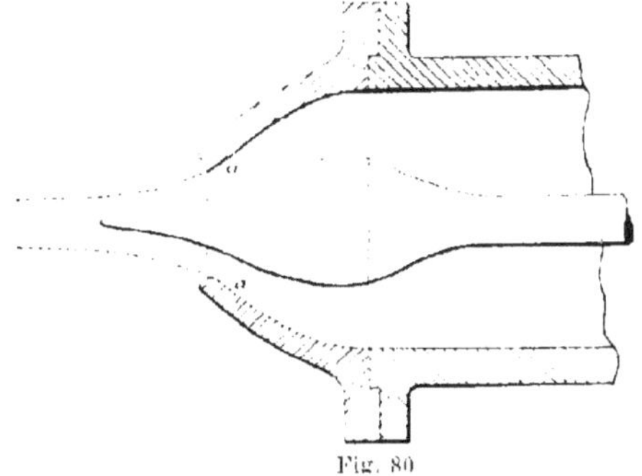

Fig. 80

supprimée. On peut d'ailleurs se rendre facilement compte qu'il doit en être ainsi, car dans les buses sans aiguille centrale les filets externes ont une vitesse inférieure à celle des filets voisins de l'axe du jet, par suite du frottement plus énergique des molécules contre les parois que contre elles-mêmes ; il en résulte des tourbillonnements dans le jet et

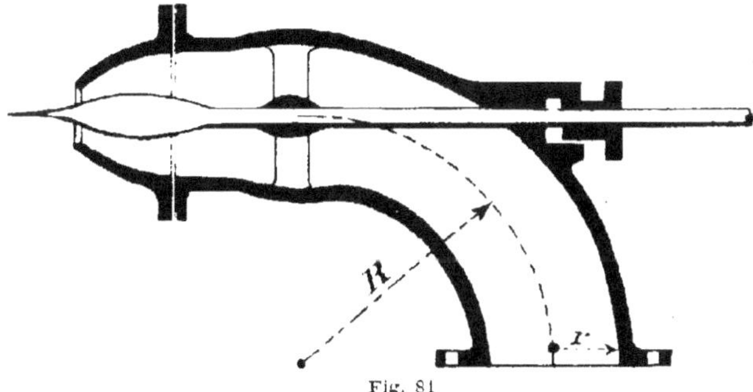

Fig. 81

des projections de gouttelettes vers l'extérieur : le jet présente alors l'apparence d'une sorte de panache ou d'aigrette. Avec l'aiguille centrale, qui augmente les frottements vers l'axe de la veine, ceci ne se

7

produit plus à cause de la répartition plus uniforme des vitesses, en
sorte que le jet présente l'aspect d'une véritable barre liquide

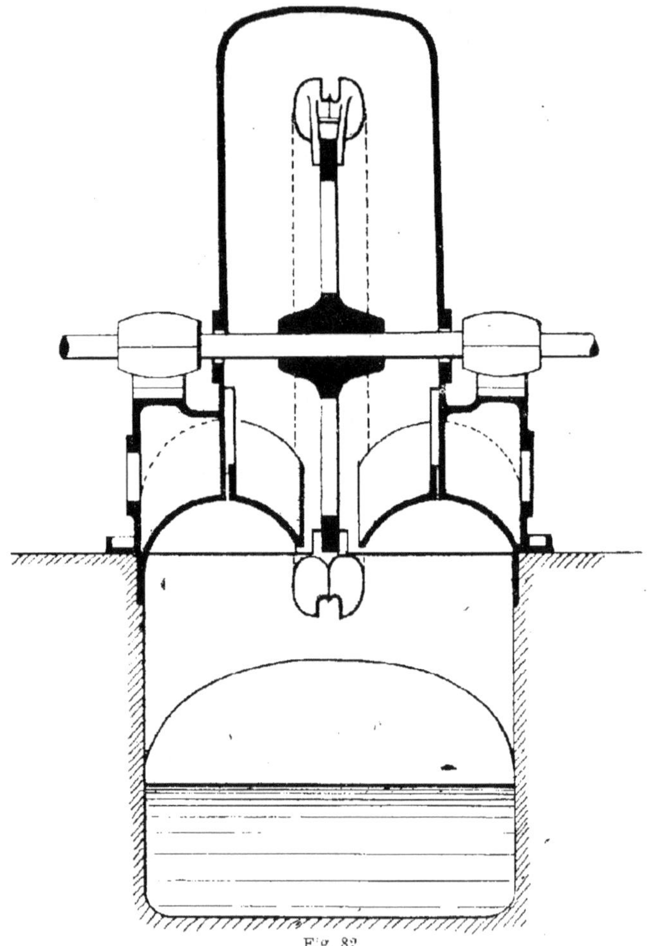

Fig. 82

Pour pouvoir manœuvrer l'aiguille, on fait sortir par un presse-
étoupe (fig. 81) la tige qui la porte ; à cet effet, le porte-buse est constitué par un coude à grand rayon de courbure.

Cette dernière condition, limitant la différence des actions centrifuges qui s'exercent sur les molécules déviées dans le coude, est nécessaire pour assurer un écoulement régulier et un jet bien homogène.

Il faut aussi, dans le même but, que l'aiguille soit parfaitement centrée par rapport à la buse, sinon le jet est dévié et perd sa régularité.

Pour assurer ce centrage, on maintient souvent l'aiguille par un guide porté par un croisillon : mais alors, au droit de ce dernier, il faut élargir un peu le corps, car il est de toute nécessité que les vitesses aillent en croissant très progressivement dans tout l'appareil de distribution.

Capote. — L'ensemble : roue et buse, est monté dans une capote métallique ; la buse doit être placée aussi près que possible de la roue. La capote doit être large pour permettre un facile dégagement de l'eau, et souvent, des chicanes arrondies recueillent l'eau à la sortie de la roue (fig. 82) pour la guider dans le canal de fuite.

La roue doit être placée à une assez grande distance du niveau aval, sinon l'eau rejaillit et revient sur les augets, ce qui occasionne une grosse perte de puissance et une diminution considérable du rendement.

Pour éviter les projections d'eau par les ouvertures de la capote donnant passage à l'arbre, on monte sur ce dernier une bague et sur la paroi de la capote une boîte, formant ensemble une chicane, comme le montre la figure 83. Il va sans dire que bague et boîte sont en deux pièces. La capote elle-même

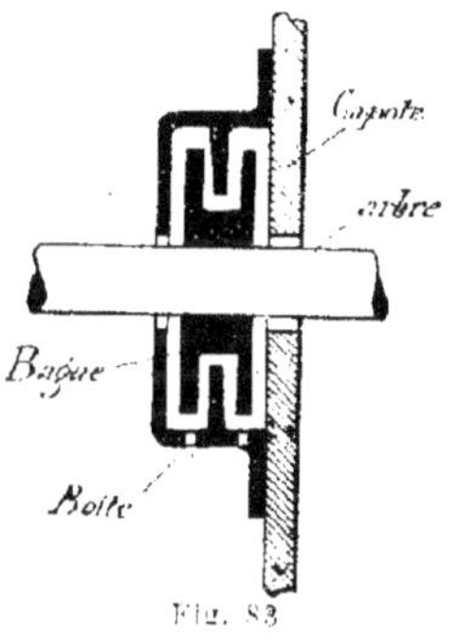

Fig. 83

comporte généralement un joint horizontal passant par l'axe ou à peu près : cette disposition permet de vérifier facilement les organes de la machine ; il suffit d'enlever la partie supérieure de la capote pour voir la roue et son distributeur.

Déflecteurs. — On règle souvent le débit utile des roues Pelton au moyen de déflecteurs qui dévient tout ou partie du jet et l'empêchent plus ou moins d'atteindre les aubes.

La figure 84 représente un type courant de ces appareils, dont le fonctionnement est évident.

L'écran qui coupe le jet et en dirige une partie directement dans le canal de fuite est porté par deux bras (le bras situé en avant de la figure a été coupé) calés sur un axe, entre lesquels passe l'eau déviée ; un levier, calé sur le même axe, et une bielle permettent la manœuvre de l'appareil.

On utilise aussi d'autres types de déflecteurs constitués par un écran placé au-dessus du jet qu'ils dévient en totalité, plus ou moins, suivant

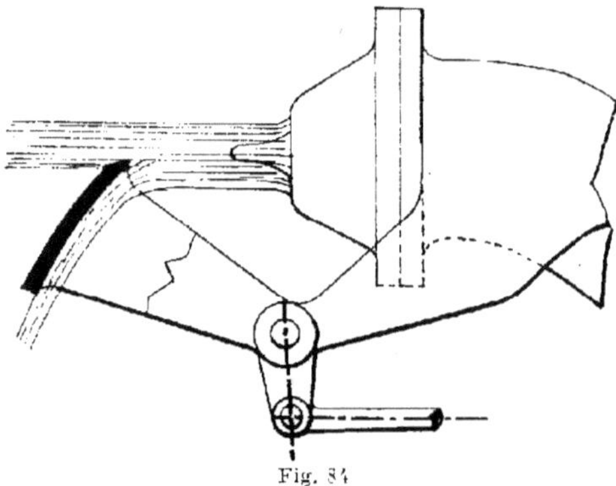

Fig. 84

la position momentanée qu'ils occupent : ces écrans supérieurs sont montés et manœuvrés absolument comme l'écran inférieur représenté par la figure 84.

Les déflecteurs permettent de régler très rapidement le débit utile, sans occasionner de variations du débit de la buse et, par conséquent, de la conduite qui l'alimente. C'est là un avantage important, car les roues Pelton fonctionnent généralement sous de très hautes chutes et, par suite, au pied de très longues conduites dans lesquelles les coups de bélier sont particulièrement redoutables et faciles à provoquer.

Par contre, les déflecteurs présentent l'inconvénient de ne pas économiser l'eau ; on y obvie quelquefois en munissant les turbines Pelton d'un déflecteur manœuvré rapidement par le régulateur et d'une aiguille manœuvrée ensuite automatiquement mais lentement, et par suite sans danger.

Quand on n'emploie pas ce dernier procédé, le déflecteur peut être seul manœuvré automatiquement, la commande de l'aiguille se faisant à la main.

Remarque importante. — Il est de la plus haute importance que l'axe du jet se trouve exactement dans le plan médian de la roue qui doit aussi contenir toutes les arêtes d'entrée des augets si l'on veut obtenir un fonctionnement normal et régulier ; si ces précautions n'étaient pas soigneusement prises, la machine serait soumise à des vibrations et à des poussées variables, dans le sens de l'axe, qui seraient d'autant plus énergiques que la dissymétrie serait elle-même plus accusée.

§ 5. — TURBINES CENTRIFUGES A LIBRE DÉVIATION

Actuellement, ces turbines s'emploient très rarement avec la disposition à axe vertical.

Elles diffèrent alors de la turbine Fourneyron seulement par la position de la roue qui est établie juste au-dessus du niveau aval, et par le large évasement des couronnes.

Si le distributeur alimente la roue sur toute la circonférence, on

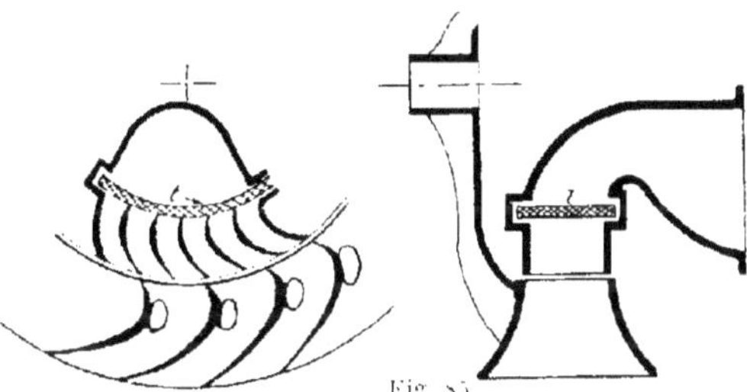

Fig. 85

emploie comme vannage des papillons croisés semblables à ceux dont nous avons parlé au sujet des turbines hélicoïdes à libre déviation.

Généralement les turbines centrifuges dont nous nous occupons sont montées avec l'axe horizontal ; elles fonctionnent alors avec injection partielle car l'injection totale conduirait à faire tourner la roue dans l'eau : nous savons que cette particularité est incompatible avec le fonctionnement à libre déviation.

Dans le cas où le calcul conduit à adopter pour le diamètre intérieur de la roue une valeur assez grande (pour obtenir le nombre de tours désiré), le distributeur peut n'occuper qu'une faible partie de la circonférence de la roue : la turbine est alors disposée comme le montre la figure 85.

Le vannage est constitué par un tiroir cylindrique t qui permet de n'ouvrir qu'un nombre déterminé de canaux du distributeur.

Enfin, si on a affaire à une très haute chute, le diamètre de la roue mobile devient lui-même très grand, tandis que le distributeur devient très petit pour deux raisons : 1° parce que la vitesse de sortie du distributeur croît avec la chute et 2° parce que le débit nécessaire pour obtenir une puissance donnée varie en raison inverse de la chute.

Pour une turbine établie sous une très haute chute, le distributeur

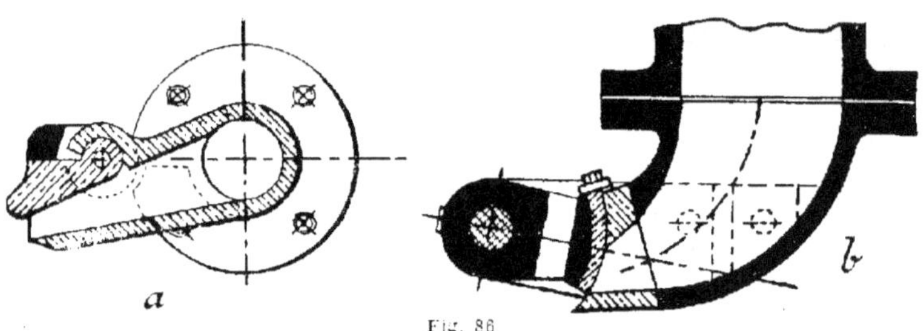

Fig. 86

est réduit, en général, à une, deux ou trois buses. Celles-ci peuvent être rangées en deux types : les buses avec vannage à bec de canard (fig. 86 a) et les buses avec vannage à bascule (fig. 86 b).

Dans ces dernières l'opercule formant bascule a une surface cylindrique et son déplacement se fait autour de l'axe de figure du cylindre auquel appartient cette surface : toutes les pressions exercées sur la bascule passent par l'axe, et le frottement qui en résulte est la seule force à vaincre pour manœuvrer le vannage.

Dans les buses à bec de canard, au contraire, la pression de l'eau tend constamment à ouvrir le vannage et on a souvent à exercer, pour le fermer, une force très grande.

Les distributeurs ne sont pas le seul point spécial de ces turbines. Les efforts centrifuges auxquels sont soumises les roues mobiles tournant avec des vitesses tangentielles très grandes sont considérables, et pour éviter leur éclatement on est conduit à des modes de construction tout à fait particuliers. On assure d'abord la circulation de l'air sans percer d'évents dans les couronnes, et celles-ci sont frettées à chaud par des bandages en acier laminé (fig. 87). La couronne est fixée sur un disque à méridienne courbe (pour éviter les tensions dues au retrait après coulée).

Ce disque est lui-même fixé au moyeu. Les assemblages sont faits par des boulons avec emboîtement. On ne fait pas venir de fonte le disque avec le moyeu parce que les grandes différences d'épaisseurs de ces deux parties occasionneraient certainement des tensions au retrait. On fait les assemblages avec emboîtements, pour centrer les différentes pièces. Les boulons doivent être ajustés et fortement serrés ; leurs écrous doivent être arrêtés par des goupilles ou des plaques freins, de façon qu'ils ne puissent pas se desserrer sous l'influence des vibrations de la machine.

Les turbines construites de cette façon, avec une, deux ou trois buses de distribution, ont été très employées, mais, actuellement, on leur préfère les turbines Pelton qui peuvent toujours leur être substituées.

Cette préférence est d'ailleurs justifiée, car le rendement des turbines Pelton bien établies est bien supérieur à celui des turbines centrifuges : dans ces dernières, le distributeur donne toujours des fuites dont la valeur absolue croît à mesure que l'on ferme la bascule ou la languette. Dans le premier cas, ces fuites se produisent entre

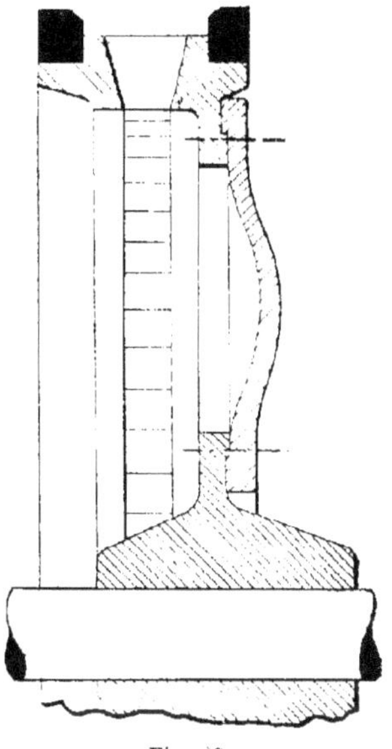

Fig. 87.

les bords de la buse et ceux de la bascule, et le joint entre ces bords est d'autant plus long que la bascule est plus fermée ; d'autre part, la pression dans la buse augmente à mesure que le débit diminue : pour ces deux raisons, la valeur absolue de la fuite augmente. Dans le cas des buses à bec de canard, c'est seulement l'augmentation de la pression qui produit l'augmentation de la fuite. Les fuites croissant en valeur absolue à mesure que le débit utilisé diminue, on voit que la valeur relative de ces fuites augmente très rapidement ; il en résulte que le rendement diminue, lui aussi, assez rapidement à mesure que la puissance demandée à la turbine devient elle-même plus petite.

Avec les turbines Pelton à buses coniques, il n'en est plus de même, car, en admettant que le joint entre l'aiguille, à sa position de fermeture,

B
A
O
y
Coupe du tiroir
suivant x-y
Coupe partielle suivant
CD
D
C
z
t
Coupe du bras au
croisillon suivant
z-t
Coupe suivant AOB

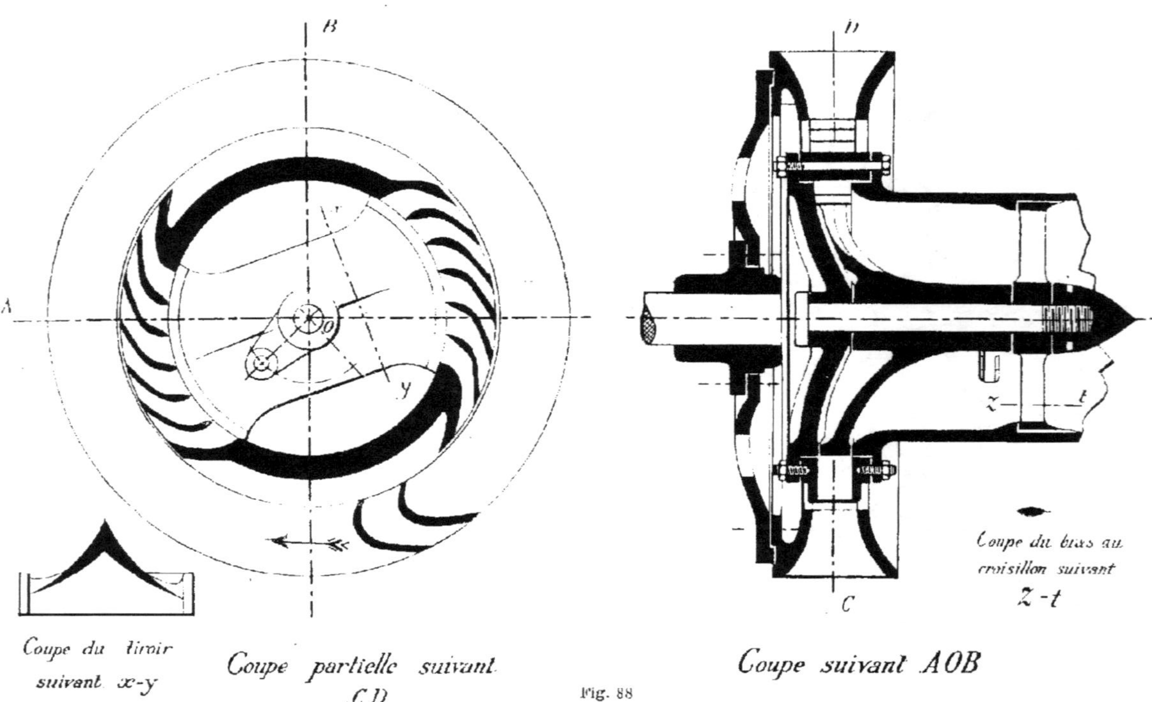

Fig. 88

et la buse conique, ne soit pas étanche (ce qui arrive forcément après un
certain temps de fonctionnement) dès que l'aiguille est ouverte, la
fuite devient débit actif et, par suite, n'existe plus en tant que perte.
Aussi, le rendement des turbines Pelton diminue-t-il bien plus lentement que celui des turbines centrifuges lorsqu'on réduit le débit.

Dans le cas d'utilisation de chutes relativement grandes, et dans
certaines conditions de puissance et de vitesse, on est obligé d'employer
des turbines centrifuges à libre déviation comportant un distributeur
à grande section. On le constitue alors de deux secteurs de canaux
directeurs diamétralement opposés ; l'entrée de ces canaux peut être
plus ou moins ouverte ou masquée par un tiroir, mobile autour de
l'axe même de la turbine, et formé de deux portions de cylindre,
comme le montre la figure 88.

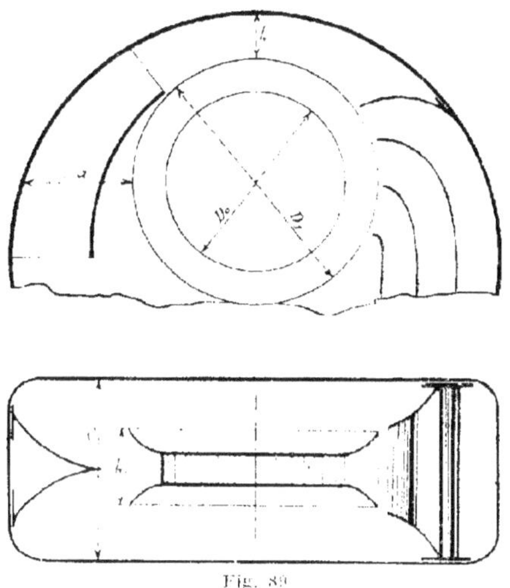

Fig. 89

Les formes de ce tiroir sont étudiées pour guider l'eau le mieux
possible vers les secteurs de distribution : on le manœuvre au moyen
d'une manivelle venue de fonte avec lui et conduite par une biellette
et une tige traversant le tuyau d'amenée de l'eau.

Une des principales difficultés rencontrées dans la construction
de ces turbines est l'organisation des chicanes recevant l'eau à la sortie
de la roue et la conduisant au canal de fuite.

Deux systèmes sont généralement employés (fig. 89).

A gauche, on a représenté une chicane en V faisant couler l'eau le long des parois de la capote ; à droite, des chicanes formant canaux recueillent l'eau à la sortie de la roue et la guident dans le bief aval. Quel que soit le genre de chicane adopté la capote doit être très largement dimensionnée.

Comme le montre la figure 88, les roues de ces turbines sont généralement calées sur l'arbre en porte-à-faux. Le distributeur représenté par cette figure est formé d'un anneau comprenant deux secteurs de directrices ; cet anneau est serré entre le tuyau d'amenée d'eau et un fond soulagé par un fort boulon central appuyé d'autre part sur un croisillon : ce boulon sert d'axe de rotation au tiroir de vannage.

Ici, comme dans les distributeurs des turbines Pelton, il faut prendre les plus grandes précautions pour assurer la croissance très progressive des vitesses d'écoulement de l'eau depuis son entrée dans le tuyau d'amenée jusqu'à sa sortie du distributeur.

§ 6. — TURBINES CENTRIPÈTES A LIBRE DÉVIATION

On a fait des turbines centripètes à libre déviation à arbre vertical et à arbre horizontal. Si l'arbre est vertical, elles peuvent être à injection totale, mais si l'arbre est horizontal, elles sont forcément à injection partielle, pour éviter le noyage de la roue.

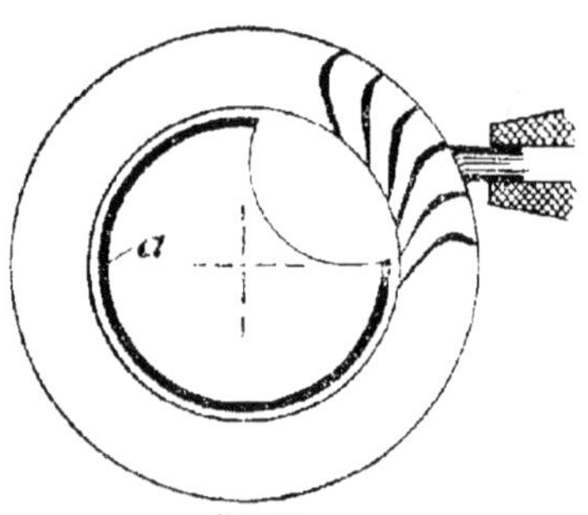

Fig. 90

Dans ce dernier cas (arbre horizontal), il faut encore disposer à l'intérieur une chicane a, qui reçoit l'eau à la sortie et la déverse de côté dans le canal de fuite (fig. 90). Sans cette précaution, l'eau se déverserait dans la roue elle-même, et il en résulterait une diminution notable de rendement.

Ces turbines sont peu employées, et, généralement, on leur préfère des turbines mixtes qu'on appelle à tort des roues Pelton. Nous leur réserverons l'appellation de *turbines tangentielles*, déjà admise d'ailleurs par plusieurs auteurs.

§ 7. — TURBINES TANGENTIELLES

Ces turbines ressemblent, à première vue, aux roues Pelton que nous avons déjà décrites, mais, en réalité, leur fonctionnement n'est pas du tout le même.

Elles sont constituées (fig. 91) par des augets à cloison médiane, dont la coupe par un cylindre ayant même axe que la turbine a bien encore une forme en ω. Mais si l'on fait une coupe de ces augets par une

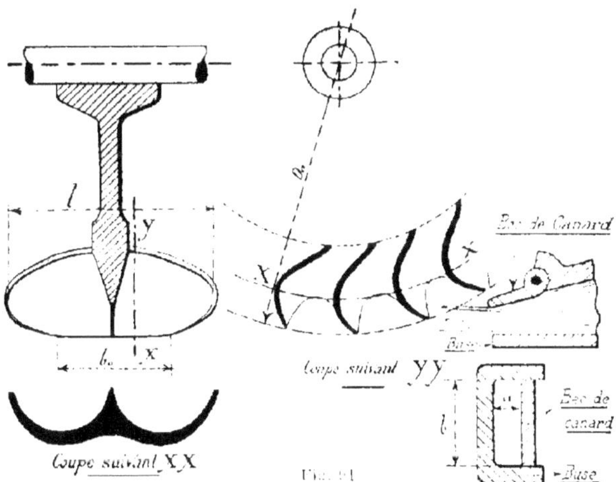

série de plans normaux à l'axe de la turbine, on trouve des courbes tout à fait analogues à celles que nous avons indiquées pour les aubes des turbines centripètes ou mixtes à réaction.

En se reportant à la figure 58, on se rendra compte de la forme des augets. On voit que, à part les ceintures qui n'existent pas ici, l'ensemble des augets d'une turbine tangentielle est tout à fait analogue à une roue double de turbine centripète à réaction.

Le distributeur est formé de une ou deux buses rectangulaires.

Le vannage se fait, soit au moyen d'une bascule, soit, plus généralement, au moyen d'un bec de canard.

Il va de soi qu'il faut encore, avec ces turbines, prévoir une chicane à l'intérieur de la roue pour recevoir l'eau qui s'y déverse.

Disons en terminant que ces turbines ne se construisent presque plus car elles peuvent toujours être remplacées par des roues Pelton plus simples et meilleures.

§ 8. — OBSERVATIONS GÉNÉRALES

SUR LES TURBINES A LIBRE DÉVIATION

1° **Conditions de meilleur établissement.** — Les épures et la pratique montrent que les turbines à libre déviation ont le meilleur rendement possible lorsque les coefficients de vitesse à l'entrée sont voisins de :

$$k_a \backsim 0,97 \qquad \xi_0 \backsim 0,45 \text{ à } 0,50 \qquad \lambda_0 \backsim 0,26 \text{ à } 0.31 \text{ ;}$$

l'angle α est alors voisin de 23 à 25 degrés.

Pour les turbines Pelton en particulier, il faut prendre $k_0 = 0,98$; ξ_0 peut varier pour ces machines de 0,43 à 0,50 ; leur angle α est voisin de zéro (le taillant de l'arête doit être aussi aigu que possible et les plans tangents le long de l'arête ne doivent pas s'écarter l'un de l'autre de plus de 15 à 16 degrés).

Pour toutes les turbines à libre déviation autres que les roues Pelton, on peut compter sur un rendement mécanique de 75 % en marche normale ; pour les turbines Pelton ce rendement atteint 80 % dans le cas des petites machines et 83 %, et même plus, dans le cas des grandes.

2° **Variation du rendement avec le débit de la turbine.** — Traçons une courbe des rendements en fonction des débits relatifs, l'allure de cette courbe est celle donnée par la figure 92.

Nous n'atteignons pas ici, sauf dans le cas des turbines Pelton, pour le rendement à plein débit, une valeur aussi élevée que dans le cas des turbines à réaction ; mais, par contre, la courbe est plus tendue, autrement dit, les rendements aux débits fractionnaires sont meilleurs avec les turbines à libre déviation qu'avec des turbines à réaction : c'est là un résultat qu'il ne faut pas perdre de vue lorsqu'on a à établir une turbine sous une chute à débit très variable. Si l'on veut, dans ce cas, utiliser le mieux possible les faibles débits, et si l'on n'a pas de raison majeure d'employer une turbine à réaction, il faut donner la préférence à une turbine à libre déviation.

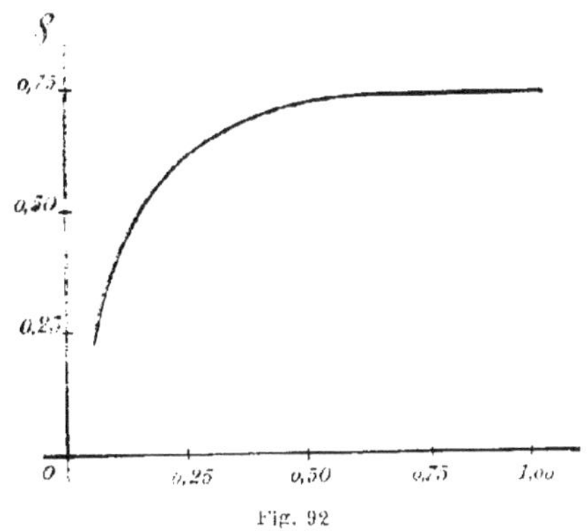

Fig. 92

C'est cette remarque qui avait conduit Girard à imaginer l'*hydropneumatisation*. Voici comment on l'applique actuellement :

Si l'on a une chute à débit variable, et si, pour des raisons quelconques (en général raisons de lieux, ou de variations de niveau aval), on ne peut installer cette turbine tout près du niveau aval, les procédés ordinaires conduisent ou bien à adopter une turbine à libre déviation en sacrifiant la hauteur de chute depuis le point où est placée la turbine jusqu'au niveau aval, ou bien à employer une turbine à réaction avec tube d'aspiration, en sacrifiant le rendement aux débits fractionnaires.

L'hydropneumatisation, en pareil cas, permet l'emploi d'une turbine à libre déviation, en ne perdant que la moitié environ de la hauteur de chute comprise entre la turbine et le niveau aval.

On place la turbine dans une capote étanche prolongée, au-dessous, par un tube d'aspiration plongeant dans l'eau d'aval (fig. 93).

Pour que la turbine ainsi montée ne soit pas noyée, il faut empêcher
la colonne d'eau de s'élever au niveau de la roue : dans ce but on a
imaginé divers appareils laissant rentrer l'air dans la capote dès que
la colonne d'eau atteint un certain niveau AB. On a employé à cet
effet des flotteurs ouvrant une soupape de rentrée d'air dans la capote,
au moment voulu, mais ces appareils marchent par à-coups, et ne
donnent pas de bons résultats.

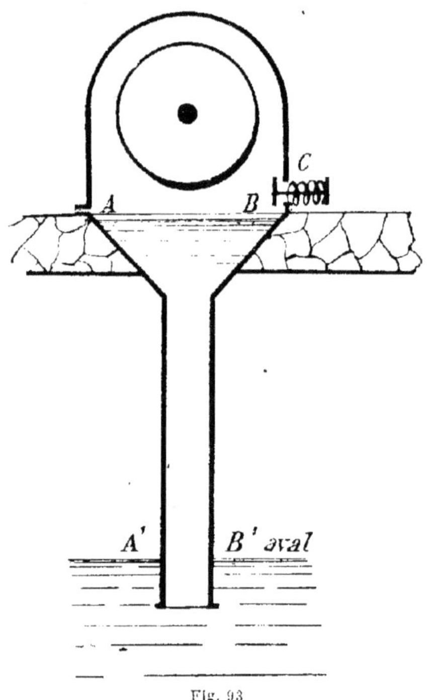

Fig. 93

Une ouverture réglable, ou un clapet à ressort réglable (s'ouvrant de
dehors en dedans) donnent une marche beaucoup plus régulière, et
ont aussi le mérite d'être plus simples.

L'air qui rentre ainsi dans la capote est entraîné par l'eau qui
s'écoule, de sorte que, dans le tube d'aspiration, on n'a pas rien que de
l'eau, mais une émulsion de densité moindre que l'eau : c'est pour cela

qu'on ne peut pas récupérer la totalité de la hauteur de chute comprise entre AB et A'B'. En pratique, on peut compter récupérer environ la moitié ou les deux tiers de cette hauteur.

Cependant, si la distance de AB à A'B' était égale à la hauteur d'eau correspondant à la pression atmosphérique, on n'aurait plus besoin de laisser rentrer de l'air dans la capote pour dénoyer la roue, et on utiliserait la totalité de la hauteur.

Il va sans dire qu'on ne peut pas aller au-delà.

Il ne faut cependant pas perdre de vue ce que nous avons dit relativement à l'augmentation de la fuite relative, tant pour les buses à bec de canard que pour celles à bascule (et qui est aussi applicable aux turbines centrifuges à double tiroir cylindrique). L'allure de la courbe donnée ci-dessus, montrant la variation du rendement en fonction du débit, est relative à une turbine neuve ; mais à mesure que l'usure des organes de vannage s'accentue, cette courbe devient de moins en moins tendue, en sorte que, sauf pour les Pelton à buses à aiguilles, l'avantage de la libre déviation est plus apparent que réel.

Dans le cas des Pelton, il est facile (comme pour les centripètes à réaction à vannage par directrices mobiles) d'obtenir le meilleur rendement non pas pour la pleine charge, mais pour 75 % de cette pleine charge, par exemple.

CHAPITRE VI

Accessoires des turbines

Les accessoires principaux des turbines sont :
Les régulateurs ;
Les volants ;
Les vannes compensatrices ;
Les vannes diverses, robinets ou papillons ;
Les tachymètres, manomètres, etc.

Nous ne nous occuperons ici que des régulateurs, des volants et des vannes compensatrices, les autres accessoires étant connus de tous les ingénieurs à qui s'adresse cette encyclopédie.

§ I. — RÉGULATEURS

Ces appareils, dont la construction est très délicate, ont pour but d'agir sur le vannage des turbines de façon à proportionner à chaque instant le couple moteur au couple résistant.

Nous n'insisterons ni sur leur théorie, ni sur leur description qui ont fait l'objet de fascicules spéciaux de l'encyclopédie, et nous nous contenterons de résumer ici les qualités qu'ils doivent présenter pour assurer un fonctionnement satisfaisant des groupes qu'ils commandent.

Stabilité. — La première de ces qualités est la *stabilité*.

Il ne faut pas en effet qu'une turbine munie d'un régulateur soit sujette à des variations continuelles de vitesse, dites *oscillations à longue période* ([1]), car ces oscillations perpétuelles, si elles atteignent une certaine amplitude, gênent considérablement l'exploitation ; et même si elles sont très petites, presqu'insensibles (si l'on s'en fie aux indications des tachymètres industriels), elles correspondent toujours

---

([1]) LÉAUTÉ : *Journal de l'École Polytechnique*, 55e cahier.

à une fatigue excessive et à une usure rapide des organes de commande du vannage, reliant celui-ci au régulateur, car elles proviennent de mouvements d'ouverture et de fermeture continuels ; bien que l'amplitude de ces mouvements soit très petite, dans le cas qui nous occupe, ils occasionnent néanmoins dans les articulations, à chaque changement de sens, des chocs qui, perpétuellement répétés, causent inévitablement un accroissement rapide des jeux de ces articulations, d'où nécessité de fréquentes réparations et entretien très onéreux.

Un bon régulateur ne doit donc entrer en action qu'au moment où se produit une variation de couple, et doit amener le vannage à la position convenable en exécutant le moins d'allées et venues possible : les appareils convenablement construits règlent en deux ou trois oscillations simples au maximum et même en une seule oscillation lorsque la charge de la machine dépasse 20 à 25 % de sa charge maximum.

Sensibilité. — Il faut aussi qu'un régulateur soit *sensible* : il doit entrer en action lorsque la vitesse s'écarte très peu de la vitesse de régime ; la sensibilité des régulateurs modernes est d'environ 0,5 % en dessus ou en dessous de la vitesse de régime.

Il faut attirer ici l'attention sur ce fait que la vitesse de régime n'est pas généralement constante, quelle que soit la charge de la machine.

Si l'on considère un groupe marchant toujours seul, il n'y a, à la vérité, aucune difficulté à conserver une vitesse de régime absolument constante : il suffit pour cela de munir le régulateur d'un *compensateur* (dont le prototype est l'ancien compensateur Denys). Mais si plusieurs groupes conduisant des alternateurs doivent être couplés en parallèle, on sait que la répartition des charges sur ces groupes couplés exige un certain écart entre les vitesses de régime à vide ou à pleine charge : la vitesse de régime doit être plus grande à vide et décroître progressivement à mesure que la charge augmente, pour atteindre son minimum au moment de la charge maximum. Le rapport de la différence des vitesses de régime maximum et minimum à la vitesse de régime moyenne est le *décrément du régulateur*. Les régulateurs de groupes alternateurs qui doivent être couplés en parallèles ont généralement un décrément voisin de 3 à 4 %.

Variation de la vitesse de régime. — Il est bien évident, dans ces conditions, que pour exécuter le couplage de deux groupes dont l'un est à pleine charge et l'autre à vide, il faut pouvoir faire varier la vitesse de régime, sans quoi il serait impossible d'obtenir le synchronisme. Les régulateurs comportent à cet effet un organe généralement manœuvrable à la main, mais souvent aussi, dans les grandes centrales, commandé électriquement depuis le tableau.

Manœuvre de vannage à la main. — En agissant sur l'organe ci-dessus on peut presque toujours ouvrir ou fermer la turbine à la main, en utilisant la puissance du régulateur comme relais : il faut, bien entendu pour cela, que la puissance du régulateur ne soit pas empruntée à la turbine ; or ceci arrive souvent dans les régulateurs actuels, et, dans ce cas, on ne peut pas agir, comme nous venons de le dire, pour démarrer le groupe. Une commande à main spéciale et indépendante du fonctionnement du régulateur est donc nécessaire. Mais il faut remarquer que la raison indiquée n'est pas la seule qui conduise à adopter cette commande spéciale ; il en est une autre exigée par la prudence : un régulateur, si bien établi soit-il, reste néanmoins une machine qui, comme toute œuvre humaine, peut être sujette à des accidents, et si, la turbine étant ouverte, le régulateur ne fonctionne plus, il faut pouvoir la fermer pour faire la réparation nécessaire. Les commandes à main indépendantes sont généralement combinées de telle sorte que la manœuvre d'un seul levier permette de passer instantanément de la marche à la main à la marche au régulateur et *vice versa*.

Types et installations des régulateurs. — Les régulateurs des groupes de faible puissance (groupe d'excitation dans les centrales hydro-électriques, par exemple) comportent souvent un servo-moteur purement mécanique (rochets, encliquetages quelconques, frictions, etc.), empruntant la puissance nécessaire à la turbine à régler. Il est très recommandable pour ce genre de régulateurs d'adopter toujours deux courroies distinctes pour les commandes du tachymètre d'une part, et du relais-moteur d'autre part, car si l'on emploie une seule courroie commandant et le tachymètre et le relais-moteur, à chaque embrayage de ce dernier il se produit une variation du glissement de la courroie qui entraîne fatalement une oscillation du tachymètre : ces oscillations dues à d'autres causes que les variations de couples rendent le réglage extrêmement pénible et souvent impossible. Les groupes plus puissants sont ordinairement pourvus de régulateurs à servo-moteurs hydrauliques, ou encore à huile sous pression.

Lorsqu'on utilise l'eau sous pression, on l'emprunte généralement à la chute elle-même en greffant la tuyauterie nécessaire sur la conduite forcée : il faut naturellement disposer d'une pression suffisante (14 à 15 kilogrammes par centimètre carré) si l'on veut éviter des servo-moteurs de dimensions exagérées.

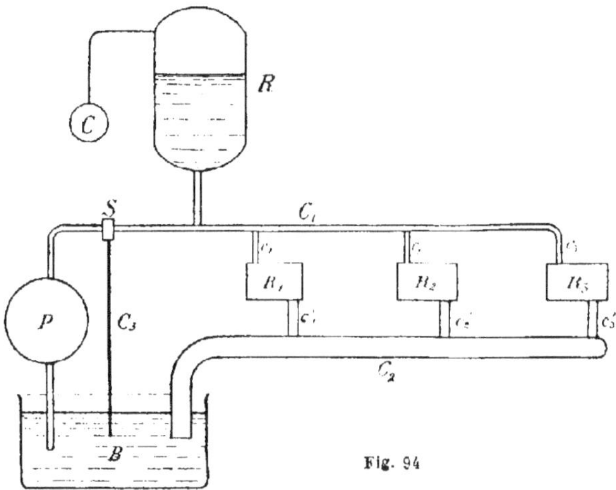

Fig. 94

Si la pression de l'eau est trop faible, on emploie (et ceci vaut toujours mieux) de l'huile sous pression fournie par des pompes spéciales.

Deux systèmes sont en usage :

Dans le premier, une ou plusieurs pompes P (fig. 94) refoulent l'huile dans une conduite principale C_1 sur laquelle sont branchés par c_1, c_2... les régulateurs R_1, R_2... ; une seconde conduite principale C_2 recueille l'huile ayant agi dans les régulateurs par c'_1, c'_2... et la ramène à la bâche B où puise la pompe P.

En outre, sur la conduite C_1 est branché un réservoir R formant accumulateur et contenant à sa partie supérieure un certain volume d'air comprimé que l'on peut renouveler à l'aide d'un petit compresseur c. Une soupape de décharge S, débitant par C_3 dans B, est toujours nécessaire. Avec ce système, la pompe P peut être relativement petite, car le réservoir, non seulement régularise le débit de C_1, mais peut fournir un large appoint d'huile sous pression en cas de besoin. Malheureusement il est assez difficile, lorsqu'on l'adopte, d'éviter les émulsions d'air et d'huile très préjudiciables à la bonne marche des servo-moteurs (ces émulsions étant compressibles). En outre, on fournit ainsi sur la face du piston, mise en communication avec C_1 par le jeu de la soupape de distribution, de l'huile sous une pression

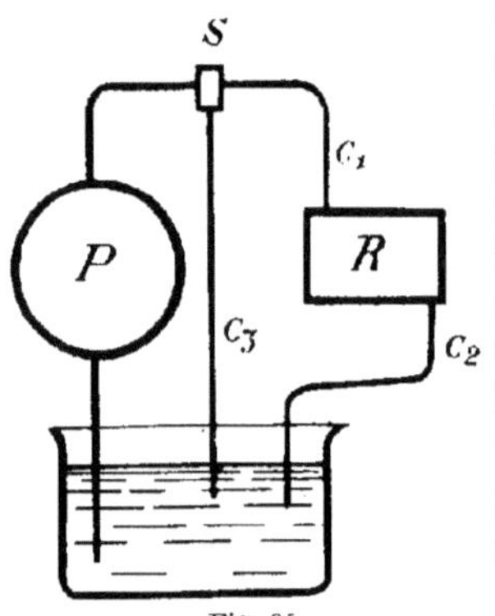

Fig. 95

constante, et la vitesse d'écoulement de cette huile par l'orifice de la soupape dépend de l'effort que doit vaincre le piston : en d'autres termes, la vitesse d'action du régulateur dépend à chaque instant de la résistance du vannage; et, comme cette dernière est généralement très variable avec l'ouverture du vannage lui-même, on n'est pas maître de cette vitesse d'action : il peut en résulter des perturbations nuisibles au bon fonctionnement du régulateur.

Le second système, dont nous allons parler, évite ces inconvénients. Dans ce second système, chaque régulateur est muni d'une pompe P (fig. 95) à débit constant et pouvant débiter à elle seule la quantité d'huile nécessaire pour assurer la vitesse d'action qu'on s'est imposée ; il n'y a pas de réservoir accumulateur avec matelas d'air sous pression, et on n'a pas à craindre la production d'émulsion ; la pompe refoule, soit utilement sur le régulateur R, soit inutilement au travers d'une soupape de décharge S réunie à la bâche B par une conduite C_3. Cette soupape S doit être réglée de façon que la pression dans la conduite C_1 soit largement suffisante pour vaincre la résistance maximum du vannage ; dans ces conditions on est maître de la vitesse d'action du régulateur.

Les pompes employées avec cette disposition sont, ou bien des pompes à plusieurs cylindres (trois ou quatre), ou bien des pompes à engrenages, moins coûteuses et donnant un débit bien plus régulier.

Ces pompes absorbent une certaine puissance qui se transforme intégralement en chaleur lorsque les servo-moteurs étant au repos, toute l'huile refoulée s'échappe par les soupapes de décharge ; aussi est-il généralement nécessaire de refroidir cette huile en plaçant, par exemple, dans la bâche, un long serpentin parcouru par un courant d'eau froide.

§ 2. — VOLANTS

Lorsque l'équilibre des couples moteur et résistant est brusquement rompu, l'amplitude maximum de la variation de vitesse qui en résulte dépend de deux facteurs : l'inertie des masses en mouvement et le temps mis par le régulateur pour déplacer le vannage et rétablir cet équilibre des couples. *A priori*, il semble que l'on soit maître de ces deux facteurs ; nous verrons bientôt qu'il n'en est pas tout à fait ainsi, et que, la plupart du temps, on ne peut pas admettre pour l'ouverture ou la fermeture totale du vannage une durée T inférieure à une certaine limite. Il faut donc, connaissant T (que l'on choisit toujours aussi petit que possible, nous verrons comment), pouvoir déterminer l'inertie des pièces en mouvement de façon que l'écart de vitesse, consécutif à une variation de charge fixée à l'avance, ne dépasse pas lui-même un taux déterminé, dépendant d'ailleurs des exigences de l'exploitation et variable d'une usine à une autre.

Envisageons tout d'abord un groupe formé d'une turbine et d'un générateur électrique, accouplés directement par un manchon ; désignons par T la durée de fermeture totale du vannage (ou d'ouverture totale) ; admettons que le déplacement du vannage par le régulateur se fasse d'un mouvement uniforme et, en outre, que la puissance développée par la turbine, soit proportionnelle à l'ouverture de ce vannage ; négligeons les variations de puissance dues aux variations de vitesse, ce qui est pratiquement justifié si le régulateur maintient cette vitesse dans d'étroites limites ; désignons par N la puissance, en chevaux, de la turbine et par pN une variation de puissance; si ω est la vitesse angulaire de régime, et si $\dfrac{\omega_1 - \omega}{\omega}$ représente en pour cent l'écart maximum admissible correspondant à cette variation de charge pN, on peut calculer le moment d'inertie total I_t des pièces calées sur l'arbre (roue de turbine, volant, manchon d'accouplement, rotor de la dynamo) par l'équation :

$$75\,p^2 N T = I t \left(\omega_1^2 - \omega^2\right).$$

Cette formule est la traduction presqu'évidente du théorème des forces vives, en admettant les hypothèses restrictives énoncées plus haut, et en négligeant en outre le retard du régulateur (intervalle de temps qui s'écoule entre l'instant où se produit la variation de puissance et celui où le régulateur commence à fonctionner) : ce retard, dans les régulateurs actuels, est extrêmement faible.

Connaissant I_t, on peut le répartir au mieux entre les diverses pièces calées sur l'arbre, ou, si toutes ces pièces, sauf le volant, sont déjà déterminées par des raisons de construction, calculer par différence le moment d'inertie I_v du volant proprement dit.

Considérons maintenant le cas où la turbine conduit une ou plusieurs machines par l'intermédiaire de transmissions. Soient :

I_a le moment d'inertie des pièces animées de la vitesse ω_a ;

I_b le moment d'inertie des pièces animées de la vitesse ω_b, etc... ;

I_v le moment d'inertie du volant animé de la vitesse ω_v.

On doit avoir, en représentant toujours par ω la vitesse de la turbine et par I_t le moment d'inertie correspondant :

$$I_t \omega^2 = I_a \omega_a^2 + I_b \omega_b^2 + \ldots + I_v \omega_v^2 = I_v \omega_v^2 + \Sigma I_a \omega_a^2,$$

d'où :

$$I_v = \frac{I_t \omega^2 - \Sigma I_a \omega_a^2}{\omega_v^2}.$$

Si le volant est placé sur l'arbre de la turbine, on a $\omega = \omega_v$ et cette formule devient :

$$I_v = I_t - \Sigma \left[I_a \left(\frac{\omega_a}{\omega} \right)^2 \right].$$

Ces formules permettent de calculer le moment d'inertie du volant I en kilogrammes-masse-mètres-carrés.

Pratiquement on n'emploie pas ces moments d'inertie, mais un certain coefficient (PD^2), où P est le poids de la jante, en kilogrammes, et D son diamètre moyen, en mètres. On voit que si l'on néglige l'inertie de la brassure et si l'on confond le rayon moyen de la jante avec le rayon de giration, on a :

$$PD^2 = 4g\,I_v,$$

ou approximativement :

$$PD^2 = 40\,I_v.$$

Les coefficients (PD^2) calculés ainsi correspondent généralement, en pratique, à des écarts de vitesse $(\omega_1 - \omega)$ inférieurs à ceux sur lesquels on a compté, si ω_1 s'écarte notablement de ω; la différence est variable avec les divers types de turbines et les constructeurs en tiennent compte dans chaque cas pour réduire les poids de leurs volants.

Remarques. — On voit, par ce qui précède, que le rôle du volant d'une turbine n'a rien de comparable à celui du volant d'un moteur à vapeur à cylindre ; ce dernier est en effet calculé pour limiter, pendant la durée d'un tour, la variation de vitesse due à la variation du couple moteur pendant ce tour. Or, dans les turbines, il n'y a pas de variation de vitesse par tour, le couple moteur durant chaque tour est constant (à des pulsations près, absolument imperceptibles en pratique) et il n'y a nullement lieu de se préoccuper ici de régulariser la vitesse durant chaque tour : le rôle du volant est, comme nous l'avons vu, de limiter à une certaine valeur choisie à l'avance l'amplitude des variations de vitesse consécutives à des variations de charge déterminées, elles aussi, à l'avance.

§ 3. — VANNES COMPENSATRICES.

Coups de béliers. — On sait que si l'on ferme brusquement un robinet placé sur une conduite d'eau sous pression, il en résulte, dans la canalisation, un choc violent ; on dit qu'il se produit un *coup de bélier.* Les coups de bélier se constatent aussi dans les conduites forcées alimentant des turbines lorsqu'on manœuvre rapidement les vannages de ces dernières ; les variations de pression que l'on observe alors sont d'autant plus importantes que la masse d'eau qui remplit la conduite et sa vitesse d'écoulement sont plus grandes ; la rapidité de manœuvre du vannage a aussi une importance considérable sur la valeur des variations de pression.

Ce genre de phénomène est connu depuis longtemps, mais malheureusement l'analyse en est fort complexe, et les divers savants qui en ont abordé l'étude ne sont pas tout à fait d'accord pour en calculer d'une façon précise les phases successives.

D'une façon générale on peut dire ce qui suit :

Lorsqu'on diminue rapidement l'orifice d'une conduite, on observe des variations périodiques de la pression : elle commence par croître, puis revient au bout d'un certain temps à sa valeur de régime par une série d'oscillations amorties.

Si, au contraire, on augmente rapidement l'orifice de la conduite, on observe d'abord une diminution de la pression, puis des oscillations amorties. Dans certains cas, on peut n'avoir qu'une seule oscillation complète ou même une demi-oscillation, la pression revenant alors à sa valeur de régime suivant la loi asymptotique.

Nous n'entrerons pas dans de plus grands détails sur l'ensemble du phénomène du coup de bélier, renvoyant à ce sujet le lecteur aux remarquables études de MM. Rateau [1], Alliévi [2], et du Comte de Sparre [3].

Bien que la connaissance exacte des différentes phases du coup de bélier soit très intéressante, ce qui intéresse le plus le constructeur, c'est de savoir quelle est la surpression maximum que peuvent avoir à supporter les conduites forcées et les bâches des turbines.

Dans le cas relativement simple où la loi de variation de débit en fonction du temps est linéaire, on peut avoir une valeur approchée de la surpression à craindre, en utilisant la formule de M. Michaut :

$$Y = \frac{2QL}{gTS},$$

formule dans laquelle :

Y est l'écart maximum entre la pression normale et la pression en période troublée, évalué en mètres ;

Q le nombre de mètres cubes par seconde dont varie le débit de la conduite dans le temps T ;

L la longueur de la conduite en mètres ;

g la constante de la gravité $= 9^m,81$;

T la durée de la variation du débit (ou de manœuvre de la vanne) en secondes ;

S la section de la conduite en mètres carrés.

L'exactitude des résultats ainsi obtenus est suffisante dans le cas de très hautes chutes ; mais ces résultats sont notablement exagérés dans le cas des chutes moyennes ou basses.

Voici des formules plus modernes (d'après le Comte de Sparre).

Soient :

y_0 la pression dans la conduite en régime ;

---

(1) RATEAU : *Les Turbo-machines*.
(2) ALLIÉVI : *Revue de Mécanique*.
(3) DE SPARRE : *La Houille blanche*.

c_0 la vitesse de l'eau dans la conduite en régime ;

L la longueur de la conduite ;

d son diamètre ;

e son épaisseur.

On calcule d'abord le coefficient a donné par la formule :

$$a = \frac{9900}{\sqrt{48,3 + K\dfrac{d}{e}}}$$

où l'on fait :

$K = 0,5$ pour les conduites en fer ou acier ;

$K = 1$ —   en fonte.

Puis on calcule la valeur de :

$$\frac{a c_0}{2 g y_0},$$

où g est la constante de la gravité.

Suivant que l'on obtient pour $\dfrac{a c_0}{2 g y_0}$ une valeur plus grande que l'unité ou plus petite que l'unité, le maximum que peut atteindre la valeur Y de la surpression pendant la période troublée est donné par l'une ou l'autre des formules suivantes :

1° $\quad$ Si $\dfrac{a c_0}{2 g y_0} > 1 \qquad Y = \dfrac{L c_0}{g T} \cdot \dfrac{1}{1 - \dfrac{L c_0}{2 g T y_0}}.$

2° $\quad$ Si $\dfrac{a c_0}{2 g y_0} < 1 \qquad Y = \dfrac{2 L c_0}{g T} \cdot \dfrac{1}{1 + \dfrac{a c_0}{2 g y_0}\left(1 - \dfrac{2 L}{a T}\right)}.$

Dans ces formules, T représente le temps employé à fermer la vanne depuis l'ouverture de régime correspondant aux valeurs c_0 de la vitesse et y_0 de la pression, jusqu'à la fermeture totale, en supposant toujours la variation linéaire du débit en fonction du temps.

Il est évident que l'on aura le maximum de surpression lorsque la turbine, étant en régime, ouverte en plein, sera fermée d'une seule course par le régulateur ; T représente alors ce que nous avons appelé *durée de fermeture* en parlant des volants.

Nous avons vu que, pour diminuer l'importance du volant, il faut diminuer T ; d'autre part, pour réduire l'importance du coup de bélier, il faut augmenter T. C'est en cherchant à satisfaire au mieux à ces deux conditions qu'on arrive à fixer pour T une valeur admissible.

Toutefois, dans certains cas, lorsque les conduites sont longues, à moins d'admettre un volant disproportionné avec le restant de l'installation, il est impossible de réduire le coup de bélier à une valeur acceptable. On est alors conduit à l'emploi des vannes de décharge dont nous allons nous occuper maintenant.

Vannes de décharge ou vannes compensatrices. — La vanne de décharge idéale serait celle qui, manœuvrée en sens inverse du vannage, et en même temps que lui, maintiendrait constant le débit de la conduite, et, par suite, annulerait complètement les coups de bélier. Ce résultat est bien difficile à obtenir, pour des causes multiples qu'il n'y a pas lieu d'analyser ici, et les différents appareils que nous allons décrire rapidement ne donnent qu'une solution approchée du problème.

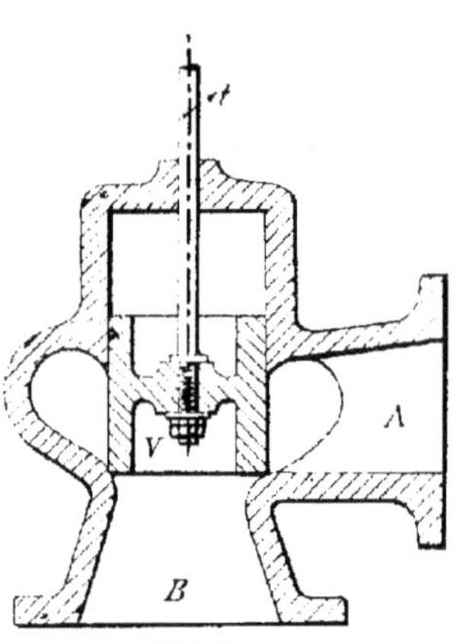

Fig. 96

Un dispositif très simple est le suivant : la vanne cylindrique V (fig. 96) est reliée par la tige t au régulateur, et les choses sont disposées de telle sorte que lorsque le régulateur ferme le vannage de la turbine, il ouvre la vanne V en la soulevant. La bride A est reliée à la conduite, et la bride B porte un tuyau d'évacuation allant au canal de fuite.

Lorsque le vannage est complètement fermé, la vanne V est complètement ouverte, et inversement.

Les choses sont calculées de manière que le débit de la vanne de décharge soit égal à celui de la turbine, en sorte que si le vannage est ouvert et la vanne fermée, ou bien si le vannage est fermé et la vanne ouverte, le débit de la conduite reste le même.

Comme le vannage et la vanne sont manœuvrés en sens inverse par le régulateur, on admet que le débit reste sensiblement constant pour les ouvertures partielles de l'un et de l'autre.

On reproche à ces vannes de décharge de ne pas économiser l'eau lorsque le vannage de la turbine n'est que partiellement ouvert.

A vrai dire, lorsque la turbine est installée sur une rivière et qu'il existe d'autres usines à l'amont et à l'aval, l'eau qui ne passe pas momentanément dans la turbine doit passer par le déversoir de la chambre de mise en charge, et il n'y a pas d'économie à faire.

Mais il en est tout autrement lorsque la turbine utilise l'eau d'un lac ou d'un réservoir quelconque ; dans ce cas, on a évidemment intérêt à ne laisser couler que l'eau utilisée par la turbine.

Voici comment on peut tourner la difficulté. La tige t qui conduit la vanne n'est plus reliée directement au régulateur ; son extrémité supérieure est fixée au fond d'un cylindre ou dash-pot C (fig. 97) dans l'intérieur duquel se meut un piston P ; c'est la tige t' de ce piston qui est reliée au régulateur. De larges ouvertures O sont pratiquées dans le piston P ; elles sont obturées par une rondelle r formant clapet.

Dans la paroi du cylindre est ménagé un petit canal a sur

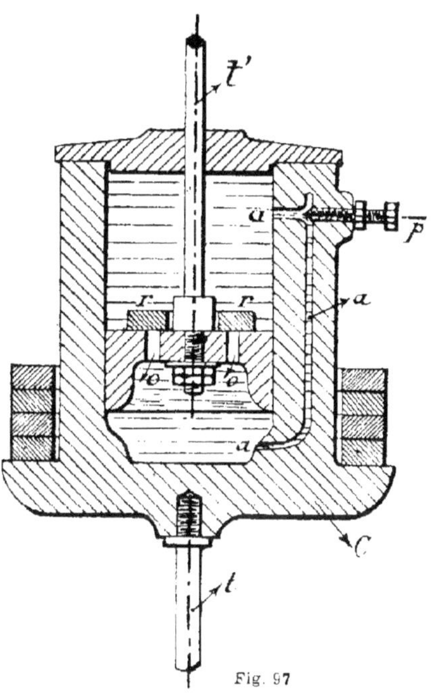

Fig. 97

lequel le pointeau p réalise un étranglement réglable, et d'ailleurs de très faible section. Tout l'appareil est rempli d'huile épaisse. Si le régulateur tire sur t' de bas en haut, en fermant le vannage, la rondelle r s'applique sur les ouvertures o ; comme l'huile peut difficilement passer par a, il soulève donc le cylindre C et, par suite, la tige t et la vanne qu'elle mène.

Lorsque le mouvement de t' de bas en haut est terminé, l'ensemble formé par le dash-pot C et la vanne tendant à descendre par son propre poids, l'huile passe peu à peu du dessus au-dessous du piston, par le canal a ; la vanne se referme donc lentement, et on peut régler sa vitesse de fermeture en agissant sur le pointeau p.

Cherchons maintenant ce qui se passe lorsque le régulateur agit sur t' de haut en bas, en ouvrant le vannage ; il est clair que la rondelle r se soulève en démasquant les ouvertures o et que le piston P se déplace sans difficulté dans le dash-pot C.

Mais il est évident aussi que, dans ce cas, on a, en général, un coup de bélier négatif (coup de bélier commençant par une diminution de pression) ; on ouvre, en effet, le vannage, et l'augmentation du débit de la turbine n'est compensée par aucune fermeture de la vanne, celle-ci étant, généralement, complètement fermée (il n'en serait

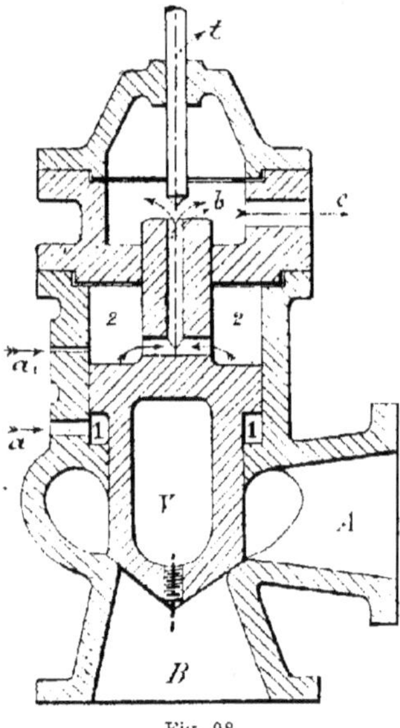

Fig. 98

autrement que si l'ouverture du vannage suivait immédiatement une fermeture).

Le déplacement de la vanne de décharge, que celle-ci soit reliée au régulateur directement ou par l'intermédiaire d'un dash-pot, exige naturellement que le servo-moteur du régulateur soit assez puissant pour la manœuvrer en même temps que le vannage.

Aussi, on interpose souvent un second servo-moteur entre le régulateur et la vanne de décharge.

La figure 98 montre un exemple de vanne de décharge construite de cette façon. A, B et V ont la même signification que dans la figure 96 ; t est une tige formant pointeau, et qui peut être reliée au régulateur, soit directement, soit par l'intermédiaire d'un dash-pot.

La vanne V est surmontée d'un piston différentiel P. L'eau sous pression est constamment admise en a et a_1 ; il en résulte en 1 sur la face inférieure du piston un effort constant de bas en haut, et en 2 sur la face supérieure du piston un effort de haut en bas, variable suivant que le pointeau t obture plus ou moins l'orifice b ; c est un orifice d'échappement.

Si t ferme complètement b, l'effort en 2 est plus grand que l'effort en 1 (la surface du piston étant plus grande en 2 qu'en 1) et la vanne tend à descendre. Si, au contraire, t démasque complètement b, l'écoulement de a_1 vers b et c fait baisser la pression en 2 ; les orifices a_1 et b sont calculés de telle sorte que la pression unitaire diminue suffisamment pour que l'effort en 2 devienne inférieur à l'effort en 1 ; la vanne tend à monter. Il y a donc un certain écart entre t et b correspondant à l'équilibre des efforts en 1 et 2, et, si l'on déplace t, la vanne suit immédiatement ce pointeau dans un sens ou dans l'autre, pour maintenir constant cet écart. Le régulateur n'a donc aucun effort à faire pour déplacer la vanne de décharge.

Remarque. — Les déflecteurs dont nous avons parlé en traitant des turbines Pelton constituent évidemment les vannes compensatrices les plus parfaites.

CHAPITRE VII

Choix d'une turbine

§ I. — TURBINES SEMBLABLES

La théorie des turbines semblables se déduit immédiatement de la solution de deux problèmes simples et se résume presque à la solution de ces problèmes.

1er problème. — Une turbine étant construite pour tourner à n tours par minute, en débitant Q mètres cubes par seconde et en développant une puissance de N chevaux sous une chute nette H, on fait fonctionner cette turbine sous une chute nette H′ et l'on se propose de déterminer :

1º A quel nombre de tours par minute n' il faut la faire tourner pour qu'elle conserve le même rendement ;

2º Quels sont alors son débit Q′ et sa puissance N′?

Les réponses à ces questions sont fort simples :

1º Pour que la turbine conserve sous la chute H′ le même rendement que sous la chute H, il faut que les coefficients de vitesses soient les mêmes dans les deux cas : donc k_0, ξ_0 et λ_0 en particulier, sont ici des constantes. Mais alors, si u_0 et u'_0 désignent les vitesses tangentielles à l'entrée de la roue dans les deux cas considérés, nous avons :

$$u_0 = \xi_0 \sqrt{2gH} \qquad u'_0 = \xi_0 \sqrt{2gH'}$$

et par suite :

$$u'_0 = u_0 \sqrt{\frac{H'}{H}},$$

ou encore :

$$n' = n \sqrt{\frac{H'}{H}};$$ (1)

telle est la formule donnant la solution de la première question ;

2° Si v_0 et v'_0 désignent les vitesses absolues à l'entrée de la roue respectivement sous la chute H et sous la chute H', nous avons :

$$v_0 = k_0 \sqrt{2gH} \qquad\qquad v'_0 = k_0 \sqrt{2gH'},$$

d'où :

$$v'_0 = v_0 \sqrt{\frac{H'}{H}}.$$

Mais, d'autre part, si S_0 est la section de sortie du distributeur, et si m est le coefficient de débit relatif à cette section, nous aurons :

$$Q = mS_0 v_0 \qquad\qquad Q' = mS_0 v'_0,$$

d'où :

$$Q' = Q \frac{v'_0}{v_0} = Q \sqrt{\frac{H'}{H}}.$$ (2)

Si maintenant nous désignons par ρ le rendement de la turbine, qui, sous la chute H', à la vitesse n', est la même que sous la chute H, à la vitesse n, nous avons :

$$N = \rho \frac{1000\,QH}{75} \qquad\qquad N' = \rho \frac{1000\,Q'H'}{75},$$

donc :

$$N' = N \frac{Q'H'}{QH} = N \sqrt{\frac{H'}{H}} \cdot \frac{H'}{H},$$

ou :

$$N' = N \left(\frac{H'}{H}\right)^{3/2}.$$ (3)

Les formules (2) et (3) ci-dessus répondent à la deuxième question.

Remarque. — Si nous envisageons le cas particulier correspondant à H′ = 1 mètre, nous obtenons les formules :

$$n' = n \sqrt{\frac{1}{H}}$$
$$Q' = Q \sqrt{\frac{1}{H}} \qquad\qquad \text{(A)}$$
$$N' = N \left(\frac{1}{H}\right)^{3/2}$$

qui font connaître ce qu'on appelle le nombre de tours spécifique, le débit spécifique et la puissance spécifique de la turbine considérée.

2ᵉ problème. — Etant donnée la même turbine que plus haut dont les constantes, sous la chute nette H, sont n, Q, N, nous construisons une seconde turbine géométriquement semblable et que nous faisons fonctionner sous la même chute nette H ; en désignant par θ le rapport de similitude géométrique on se propose de déterminer :

1° A quel nombre de tours par minute n_θ il faut faire tourner cette seconde turbine pour qu'elle ait même rendement que la première ;

2° Quels sont alors son débit Q_θ et sa puissance N_θ ?

Comme plus haut, nous devons garder pour la seconde turbine les mêmes coefficients de vitesses que pour la première, c'est-à-dire les mêmes triangles de coefficients de vitesses, ce qui est possible, puisque cette seconde turbine est semblable, géométriquement, à la première et que, par suite, elle présente en particulier les mêmes angles d'entrée et de sortie. Voici dès lors les solutions aux questions proposées.

1° Le diamètre d'entrée de la première turbine étant D_0, celui de la seconde est θD_0. Comme les vitesses tangentielles des deux roues sont égales entre elles, nous avons :

$$\pi D_0 \frac{n}{60} = \pi \theta D_0 \frac{n_\theta}{60},$$

d'où :

$$n_\theta = \frac{1}{\theta} n ; \qquad\qquad (4)$$

2° La section du premier distributeur étant S_0, celle du second est $\theta^2 S_0$ et la chute effective étant la même pour les deux turbines, les débits sont proportionnels à ces sections ; on a donc :

$$Q_\theta = \theta^2 Q. \tag{5}$$

Il en est évidemment de même des puissances et l'on a :

$$N_\theta = \theta^2 N. \tag{6}$$

Les formules (4), (5) et (6) fournissent les solutions demandées.

Problème général. — Etant donnée une turbine dont les constantes sont toujours H, n, Q et N, on en construit une seconde géométriquement semblable, le rapport de similitude étant θ ; on veut la faire fonctionner sous une chute H′ et l'on demande :

1° A quel nombre de tours n'_θ il faut la faire tourner pour qu'elle ait même rendement que la première ;

2° Quels sont alors son débit Q'_θ et sa puissance N'_θ ?

La combinaison des formules (1) à (6) ci-dessus conduit immédiatement aux solutions :

$$n'_\theta = n_0 \sqrt{\frac{H'}{H}} = \frac{1}{\theta} n \sqrt{\frac{H'}{H}} \tag{7}$$

$$Q'_\theta = Q_\theta \sqrt{\frac{H'}{H}} = \theta^2 Q \sqrt{\frac{H'}{H}} \tag{8}$$

$$N'_\theta = N_0 \left(\frac{H'}{H}\right)^{3/2} = \theta^2 N \left(\frac{H'}{H}\right)^{3/2} \tag{9}$$

qui résolvent complètement le problème des turbines semblables.

Fonction caractéristique. — Dans les formules précédentes, supposons H′ = 1 mètre, elles deviennent :

$$n^1_\theta = \frac{1}{\theta} n \sqrt{\frac{1}{H}}$$

$$Q^1_\theta = \theta^2 Q \sqrt{\frac{1}{H}}$$

$$N^1_\theta = \theta^2 N \left(\frac{1}{H}\right)^{3/2}$$

Déterminons maintenant θ de façon que Q'_θ soit égal à 1 mètre cube ; nous obtenons :

$$1 = \theta^2\, Q \sqrt{\frac{1}{H}}$$

ou :

$$\theta = \sqrt{\frac{\sqrt{H}}{Q}}.$$

Pour cette valeur particulière de θ, le nombre de tours n^1_θ prend, lui aussi, une valeur particulière χ donnée par :

$$\chi = \frac{1}{\sqrt{\dfrac{\sqrt{H}}{Q}}}\, n \sqrt{\frac{1}{H}},$$

ou :

$$\chi = n\, \frac{\sqrt{Q}}{\sqrt[4]{H^3}}.$$

Le nombre de tours χ est appelé fonction caractéristique de la turbine dont les constantes sont H, n et Q. On voit que cette fonction caractéristique représente le nombre de tours que ferait une turbine semblable à la turbine proposée, ayant même rendement, mais construite pour débiter 1 mètre cube sous une chute de 1 mètre.

Il est bien évident que, un type de turbine étant choisi, les turbines de ce type construites pour débiter 1 mètre cube sous 1 mètre de chute ne pourront pas admettre des nombres de tours variant sans limite : autrement dit, pour chaque type de turbine la fonction caractéristique χ a, en pratique, une limite inférieure et une limite supérieure entre lesquelles on doit se tenir si l'on veut conserver un rendement acceptable. Pour fixer les idées, supposons qu'il s'agisse d'un type centripète, par exemple.

Pour diminuer χ il faut augmenter le diamètre D_0, diminuer en conséquence la largeur de la roue, et diminuer ξ_0.

L'augmentation de D_0 entraîne celle du nombre des directrices, et a aussi comme conséquence une augmentation de la fuite au joint ; d'autre part on peut être conduit à adopter pour ξ_0 une valeur s'éloignant beaucoup de celles adoptées normalement pour obtenir le rendement maximum : donc une diminution exagérée de χ nous conduira forcément à une mauvaise machine. De même, si l'on veut augmenter χ, il faut diminuer D_0, augmenter la largeur de la roue et augmenter ξ_0 ; on aura donc des canaux du distributeur mal proportionnés parce que trop hauts, ξ_0 s'éloignera de sa valeur normale, et, en outre, on peut être conduit à augmenter la vitesse absolue de sortie pour que tout le débit puisse passer à l'intérieur de la roue. On arrive donc à la même conclusion que plus haut, savoir qu'une augmentation exagérée de χ conduit à une mauvaise machine.

Il en serait de même pour tous les autres types de turbines, et, pour chacun d'eux, la pratique fixe les limites inférieure et supérieure de χ.

En résumé, pour chaque type de turbine, le rendement est une fonction de χ qui croît d'abord, et décroît ensuite, à mesure que χ croît de sa limite pratique inférieure à sa limite pratique supérieure ; et, pour une certaine valeur de χ, on est dans les meilleures conditions possibles de rendement.

Choix d'une turbine. — Les limites extrêmes entre lesquelles peut varier χ sont les suivantes, si l'on s'impose d'obtenir des rendements au moins égaux à 75 % :

a) Pour les turbines Pelton à une seule buse d'injection :

$$0{,}4 < \chi < 8 \,;$$

b) Pour les turbines centrifuges à libre déviation à deux secteurs de canaux distributeurs :

$$5 < \chi < 20 \,;$$

c) Pour les turbines centripètes ou mixtes à réaction, à une seule roue :

$$15 < \chi < 80.$$

Aucun type de turbine ne permet de descendre au-dessous de $\chi = 0{,}4$, si l'on ne veut pas s'exposer à avoir un rendement inférieur à 0,75 ; et aucun type de turbine à une seule roue ne permet, dans les mêmes conditions de rendement, d'aller au delà de $\chi = 80$ (et encore dans certaines conditions que nous signalerons plus loin).

Comme les trois types de turbines envisagés ci-dessus couvrent toute l'échelle des valeurs possibles de χ depuis 0,4 jusqu'à 90, il est inutile d'en employer d'autres et c'est pourquoi on s'en tient actuellement aux turbines Pelton, aux turbines centripètes ou mixtes, et aux turbines centrifuges Girard à deux secteurs de distribution ; tous les autres types de turbines sont de plus en plus abandonnés, les trois précédents étant ceux qui, dans des conditions données, permettent d'obtenir le meilleur rendement.

Voici, à titre d'indication, comment, pour ces trois types de turbines, varie le rendement en fonction de la caractéristique.

A) Turbines Pelton :

χ	0,4	1,3	3,1	5,5	8
ρ	0,75	0,79	0,83	0,79	0,75

B) Turbines Girard à deux secteurs de canaux distributeurs.

χ	5	13	20
ρ	0,75	0,77	0,75

C) Turbines centripètes ou mixtes à réaction à une seule roue.

χ	15	19	25	34	47	62	80
ρ	0,75	0,79	0,81	0,83	0,81	0,79	0,75

Pour des valeurs de χ supérieures à 0,65, il convient de ne pas dépasser des chutes de 10 ou 12 mètres au maximum.

La notion de la fonction caractéristique est très importante pour le constructeur.

Supposons que l'on propose la construction d'une turbine débitant Q^{m^3} sous H^m et tournant à n tours par minute. Nous calculons :

$$\chi = \frac{n\sqrt{Q}}{\sqrt[4]{H^3}}$$

et nous savons immédiatement quel type de turbine nous pouvons proposer, et à quel rendement nous pouvons arriver. Nous pouvons juger si nous devons conseiller un changement avantageux du nombre de tours n pour améliorer le rendement ; nous pouvons voir aussi, en calculant χ pour des débits Q/2, Q/3... si nous améliorons les conditions de fonctionnement en adoptant des turbines à 1, 2, 3... roues, s'il s'agit de turbines centripètes, ou à 1, 2, 3... buses, s'il s'agit d'une Pelton. (Si le nombre de buses convenables ainsi trouvé est plus grand que 2, il est bon de monter plusieurs roues sur le même arbre, n'ayant chacune que deux injecteurs au maximum). S'agit-il de l'utilisation d'une chute de H^m dont le débit total est Q^{m3}, des calculs analogues nous feront connaître de suite le nombre de groupes à adopter et la vitesse la meilleure à choisir.

Ce qui précède montre suffisamment quels renseignements précieux la connaissance de la fonction caractéristique apporte à l'élaboration d'un projet : nous avons pensé être utile aux ingénieurs électriciens en leur signalant dans cet ouvrage (qui leur est spécialement destiné) un procédé simple et sûr qui pourra les guider dans le choix judicieux de la répartition de la puissance d'une centrale hydraulique entre plusieurs groupes et de la meilleure vitesse à adopter pour ceux-ci.

TABLE DES MATIÈRES

Pages

Pap. Grav. & Imp. L. GEISLER
Aux CHATELLES, par Raon-l'Etape (Vosges)
1, rue de Médicis, Paris

COURS

DE

MÉCANIQUE APPLIQUÉE AUX MACHINES

par J. BOULVIN

Ingénieur honoraire des Ponts et Chaussées
Ancien élève de l'École d'Application du Génie Maritime de France
Directeur des Constructions Maritimes de l'État Belge
Professeur à l'Université de Gand

OUVRAGE AYANT OBTENU LE PRIX PLUMEY
DE L'ACADÉMIE DES SCIENCES

PREMIER VOLUME. — **Théorie générale des Mécanismes** (2ᵉ Édition, revue et considérablement augmentée). 1 vol. in-8º de 279 pages et 172 figures.................... **10 fr.**

DEUXIÈME VOLUME. — **Moteurs animés, récepteurs hydrauliques, récepteurs pneumatiques** (2ᵉ Édition). 1 vol. in-8º de 284 pages et 176 figures.................... **10 fr.**

TROISIÈME VOLUME. — **Théorie des Machines thermiques** (3ᵉ Édition, revue et considérablement augmentée). 1 vol. in-8º de 564 pages et 218 figures.................... **15 fr.**

QUATRIÈME VOLUME. — **Générateurs de vapeur** (2ᵉ Édition, revue corrigée et augmentée). 1 vol. in-8º de 319 pages, 203 figures et 1 planche.................... **10 fr.**

CINQUIÈME VOLUME. — **Machines à vapeur et Turbines à vapeur** (3ᵉ Édition, revue et corrigée). 1 vol. in 8º de 612 pages, 456 figures et 12 planches.................... **15 fr.**

SIXIÈME VOLUME (2ᵉ Édition, divisée en deux parties). — PREMIÈRE PARTIE. — **Locomotives.** 1 vol. in-8º de 380 pages, 6 planches et 259 figures.................... **7 fr. 50**

DEUXIÈME PARTIE. — **Machines Marines.** 1 vol. in-8º (en préparation).................... **7 fr. 50**

SEPTIÈME VOLUME. — **Machines servant à déplacer les fluides** (3ᵉ Édition). 1 vol. in-8º de 352 pages avec 305 figures. **10 fr.**

HUITIÈME VOLUME. — **Transport du travail à distance et appareils de levage.** 1 vol. in-8º de 248 pages et 200 figures **7 fr. 50**

Prix de l'ouvrage complet.................... **85 fr.**

BARBAT (Charles)

INGÉNIEUR-MÉCANICIEN DIPLOMÉ

DICTIONNAIRE PRATIQUE

DE

MÉCANIQUE

ET D'ÉLECTRICITÉ

2ᵉ Édition, revue, corrigée et considérablement augmentée

Un fort volume in-8° de 2215 pages avec 3000 figures.

Prix, cartonné.. **15 fr.**

INSTITUT ÉLECTROTECHNIQUE DE L'UNIVERSITÉ DE GRENOBLE

COURS MUNICIPAL

D'ÉLECTRICITÉ INDUSTRIELLE

PAR

L. BARBILLION

PROFESSEUR A L'UNIVERSITÉ, DIRECTEUR DE L'INSTITUT

avec la collaboration de M. BERGEON, Sous-Directeur de l'Institut,
et M. CLARET, Chargé de Conférences Électrotechniques.

TOME PREMIER. — **Courants continus.** 1 vol. in-8° raisin de 460 pages et 460 figures (1907). Broché........................ **12 fr.**

TOME II. — **Courants alternatifs.** Premier fascicule : Généralités, alternateurs, moteurs synchrones. 1 vol. in-8° de 480 pages et 506 figures (1910). Broché......................... **12 fr.**

TOME II. — **Courants alternatifs.** 2ᵉ fascicule : 1 vol. in-8° de 610 pages et 516 figures (1911). Broché.............. **14 fr.**

Transformateurs de tension à courants alternatifs. Constitution pratique, modes d'emploi et essais des transformateurs. Avant-projet de transformateur. Etude détaillée de la construction des transformateurs statiques. Moteurs asynchrones. Expression du couple d'un moteur asynchrone. Etude du fonctionnement du moteur asynchrone considéré comme un transformateur. Construction des moteurs asynchrones à champ tournant. Théories classiques relatives aux moteurs asynchrones. Couplage des alternateurs. Introduction au compoundage des alternateurs. Compoundage des alternateurs. Réalisation pratique du compoundage des alternateurs. Notions sur la régulation des groupes électrogènes. Câbles armés. Electrotechnique non sinusoïdale.

SOCIÉTÉ ALSACIENNE

DE
CONSTRUCTIONS MÉCANIQUES

BELFORT

Compagnie des Chemins de fer du Midi.
Station Centrale hydro-électrique de la Cassagne avec groupes électrogènes bimorphiques.
Puissance 6.000 chevaux.

CHAUDIÈRES, MACHINES A VAPEUR, MOTEURS A GAZ

TURBINES A VAPEUR SYSTÈME ZOELLY

DYNAMOS de toutes puissances
à courants continu et alternatifs pour toutes applications

TABLEAUX DE DISTRIBUTION, TRANSFORMATEURS, COMMUTATRICES

TRACTION ÉLECTRIQUE
CABLES ÉLECTRIQUES

Locomotives à vapeur — Machines-outils

Machines pour l'industrie textile.

Encyclopédie Électrotechnique

PAR

Un Comité d'Ingénieurs Spécialistes

M. F. LOPPÉ

INGÉNIEUR DES ARTS ET MANUFACTURES

Secrétaire

TITRES DES FASCICULES

1. Électrostatique.
2. Courant électrique. — Résistance. — Loi de Ohm. — Théorie des ions.
3. Magnétisme et électromagnétisme 1re partie.
4. —   2e partie.
5. Induction. — Théorie des courants alternatifs et polyphases.
6. Courbes de tension et de courant. — Oscillographe.
7. Historique. — Unités. — Système C. G. S. — Les erreurs.
8. Lois de l'électrolyse.
9. Piles électriques.
10. Wattmètres.
11. Dynamos à courant alternatif. — Théorie et enroulements.
12. Dynamos à c. a., calcul, construction.
13. Dynamos à c. c. — Théorie et enroulement.
14. Dynamos à courant continu. Calcul et construction.
15. Transformateurs.
16. Transformation des courants. — Permutatrices. — Commutatrices, etc.
17. Accumulateurs électriques. 1re partie.
18. Accumulateurs électriques. 2e partie.
19. Emploi des accumulateurs.
20. Mesures électriques et appareils 1re partie.
21. —   —   —   2e partie.
22. —   —   —   3e partie.
23. Les isolants employés dans la pratique.
24. Câbles, construction.
25. Câbles, pose et essais.
26. Lignes aériennes.
27. Lignes aériennes.
28. Limiteurs de tension. Parafoudres.
29. Appareillage d'interruption.
30. Lampes à incandescence.
31. Lampes à arc.
32. Moteurs à courant continu.
33. Moteurs à courant alternatif.
34. Distribution. — Transport de l'énergie.
35. Les machines électriques alternatives à collecteurs. — Commutations. — Moteurs à répulsion. — Moteurs compensés.
36. Construction d'une usine centrale à vapeur. — Choix des moteurs. — Étude comparative.
37. Construction d'une usine centrale hydraulique. — Turbines de divers systèmes.
38. Réglage mécanique et électrique. — Tableaux de distribution. — Compoundage des groupes électrogènes.
39. Réglage mécanique et électrique, etc. 2e partie.
40. Exploitation d'une usine centrale. — Courbes d'exploitation. — Dispositifs permettant l'utilisation intégrale de la puissance d'une chute d'eau. — Prix de revient de l'énergie.
41. Emploi particulier de l'électricité dans les mines et les laminoirs.
42. Appareillages. — Installations. Règlement intérieur des Cies.
43. Essais des machines électriques. — Mesures mécaniques.
44. Électrochimie.
45. Fours électriques.
46. Emplois divers de l'électricité. — Signaux. — Téléphonie. — Télégraphie. — Rayons X.
47. Essai des machines à courant continu.
48. Essai des machines à courant alternatif.
49. Traction électrique terrestre et sur canaux à courant continu.
50. Traction électrique terrestre et sur canaux à courant alternatif.
51. Électricité médicale.
52. Télégraphie et téléphonie.
53. Précis de législation de l'électricité avec les textes des lois, décrets et arrêtés actuellement en vigueur.
54. Les Théories modernes de l'électricité.

Les Fascicules 1, 2, 3, 4, 10, 19, 20, 35, 43, 53 déjà parus.

Chaque fascicule sera indépendant et comprendra au moins 100 pages, format grand in-8° raisin, avec de nombreuses figures intercalées dans le texte.

Prix de chaque fascicule **2.50**

Prix de souscription à l'ouvrage complet : **115 francs.**

Mode de Paiement : **20** fr. en souscrivant et **10** fr. au fur et à mesure de l'apparition de **5** fascicules. — **10 %** de réduction pour le paiement comptant de la souscription complète.